I0832999

L'AMI
DE LA MAISON

ROMAN DE MŒURS.

Par Maximilien PERRIN,

Auteur de l'Amant de ma Femme, du Mari de la Commédienne, de la Servante Maîtresse, du Garde Municipal, de Vierge et Modiste, des Pillules du Diable, de la Fille de l'Invalide, de la Femme et la Maîtresse, etc., etc.

I.

PARIS
CHARLES LACHAPELLE, ÉDITEUR,
RUE SAINT-JACQUES, 58.

1842.

L'AMI DE LA MAISON.

Rabais Considérable

Romans à 3 fr. le Volume,

PUBLICATIONS NOUVELLES, format in-8.

Touchard - Lafosse.

LES RÉVERBÈRES, Chroniques de Nuit du vieux et du nouveau Paris, 6 v. 18 fr.
CHRONIQUES DES TUILLERIES ET DU LUXEMBOURG, physiologie des cours modernes, 6 vol. 18
Les tomes 5 et 6 se vendent séparément. 10
Ils contiennent les MÉMOIRES D'UN FROTTEUR, sur les cours de Louis XVIII et de Charles X, complément indispensable des Chroniques des Tuilleries,
MARTHE LA LYVONIENNE, 2 v. 6
LE BOSQUET DE ROMAINVILLE, 2 v. 6
RODOLPHE ou A MOI LA FORTUNE, 2 v. 6
LES AMOURS D'UN POÈTE, 2 v. 6
LES JOLIES FILLES, 2 v. 6
LE CAPORAL VERNER et le général garnison, 2 v. 6
DEUX FACES DE LA VIE, ou le poète et l'homme positif, roman de mœurs, 2 v. 6

Auguste Ricard.

LA CHAUSSÉE D'ANTIN, ou HISTOIRE DU MARQUIS DE SAINTE-SUZANNE, 2 v. 6
NI L'UN NI L'AUTRE, 2 v. 6
LA STATUE DE LA VIERGE, 2 v. 6
COMME ON GATE SA VIE, 5 v. in-12. 6
JADIS ET AUJOURD'HUI, 2 v. 6
MA PETITE SOEUR, 2 v. 6
LES VIEUX PÉCHÉS, en société avec Maxi. Perrin, 2 v. 6

Maximilien Perrin.

LA GRANDE DAME ET LA JEUNE FILLE, 2 v. 6
LES MAUVAISES TÊTES, 2e édition, 2 v. 6
LA DEMOISELLE DE LA CONFRÉRIE, 2 v. 6
L'AMANT DE MA FEMME, 2 v. 6
L'AMOUR ET LA FAIM, 2e édition: 2 v. 6
LA SERVANTE MAITRESSE, 2 v. 6
LA FILLE DE L'INVALIDE, 2 v. 6
LE MARI DE LA COMÉDIENNE, 3 v. 6
MA VIEILLE TANTE, 2 v. 6

L'AMOUR D'UNE FEMME, par Charlotte Sor, auteur des Souveuirs du duc de Vicence. 2 v. 6
LA MORT D'UN ROI, par Dominique Mondo, r. h. 2 v. 6
LA FEMME AIMABLE, par Louis Couailhac, 2 v. 6
L'INDUSTRIEL, ou NOBLESSE ET ROTURE, 2 v. 6
MÉMOIRES DE LA MORT, par Carle Ledhuy, 4 v. 12

Imprimerie de Pommeret et Guénot, rue et hôtel Mignon, 2.

L'AMI
DE LA MAISON

ROMAN DE MOEURS.

Par MAXIMILIEN PERRIN,

Auteur de l'Amant de ma Femme, du Mari de la Commédienne, de la Servante Maîtresse, du Garde Municipal, de Vierge et Modiste, des Pillules du Diable, de la Fille de l'Invalide, de la Femme et la Maîtresse, etc., etc.

I.

PARIS.

CHARLES LACHAPELLE, ÉDITEUR,

RUE SAINT-JACQUES, 38

1842.

L'AMI
DE LA MAISON.

CHAPITRE PREMIER.

ENTRÉE EN CONNAISSANCE.

— Ah ! ah ! voilà de belles choses, ma foi ! que vous m'apprenez-là, mademoiselle.

— Oh ! mon bon petit papa, vous si aimable, si indulgent envers votre chère fille, votre Lucia, de grâce, ne la grondez pas et venez à son secours !

— Là, dis-moi, mon enfant, il y a-t-il long-temps que Charles s'est permis de te faire la cour, sans la permission de ta mère et de la mienne?

— Voilà un an, mon papa, qu'il m'a dit qu'il m'aimait et que je l'aime aussi de toute la force de mon âme; ah! il est si doux, si aimable mon Charles; ensuite, il est fort joli garçon, n'est-ce pas, mon bon petit père?

— Mais oui, c'est un gaillard de bonne mine, un excellent sujet, qui ira loin, très loin! Mais dis-moi, où donc t'a-t-il conté fleurette?

— Chez nous, mon papa, en votre absence et celle de maman; de plus, chez monsieur Bournon, votre ami, le riche manufacturier de Clichy, dont Charles conduit en ce moment la fabrique.

— Ah! je comprends, lorsque nous allions passer la journée à Clichy, alors, monsieur Charles le gérant de la manufacture, au lieu de s'occuper des affaires du commerce, s'amusait ces jours-là à te tenir de doucereux propos?

— Oui, mon papa, ce qui n'empêchait pas Charles de remplir son devoir; aussi, mon bon petit père, M. Bournon a-t-il déjà manifesté l'intention de se retirer des affaires et de céder sa manufacture à Charles : vous avouerez avec moi qu'il serait alors un fort bon parti pour votre fille.

— Certainement! et si cela ne dépendait que de moi, cette union pourrait se conclure à ta grande satisfaction aussi bien qu'à la mienne; mais, c'est ta mère, madame Bernard, toute fière des quinze mille livres de rente que j'ai eu l'esprit de gagner dans mon commerce de distillateur, qui me tracasse un peu, elle, qui fatiguée du commerce et oubliant qu'elle lui est redevable de sa fortune, prétend ne te marier qu'à un riche banquier ou un agent de change.

— Oh! mon petit père, j'aime mieux mon Charles que tous ces gens-là; de grâce! tâchez de décider ma mère, dites lui, qu'avec tout autre que celui à qui elle a donnée son cœur, votre Lucia sera la plus malheureuse des femmes.

— Sans doute, je le lui dirais, mais, ne pourrais-tu en parler la première, et ainsi que tu viens de le faire envers moi, lui avouer ta secrète amitié pour Charles ?

— Je n'oserais jamais, maman est si sévère !

— C'est juste! elle te gronderait, mon cher ange et ferait pleurer tes beaux yeux; c'est donc à moi à tout lui raconter, à essuyer la bourrasque qui ne manquera pas d'éclater aussitôt qu'elle saura que tu as disposée de ton cœur sans sa permission.

— C'est alors, mon bon petit père, qu'il vous faudra être ferme, montrer que vous avez puissance et volonté, que vous êtes maître absolu de faire le bonheur de votre fille unique, de votre enfant chéri.

— Va! sois tranquille, je saurai me montrer; car enfin, je ne désire rien que de fort juste et sage, en voulant donner pour mari à ma fille un jeune homme qu'elle aime, un jeune homme rempli d'excellentes qualités, qui un jour sera maître d'une des plus riches manufactures du département de la Seine, un jeune homme enfin! qui lui convient sous tous les rapports et la rendra la plus heureuse des femmes.

— Que vous parlez bien, mon bon petit papa, dit Lucia joyeuse, en caressant de sa jolie bouche la joue de son père.

— Ha çà, dis-moi, mon enfant, comment entamerai-je ce chapitre à ta mère?

— Rien de plus facile, mon Dieu! d'abord, vous aurez soin de choisir un instant où maman sera de bonne humeur, et profitant de ce moment propice, vous amènerez la conversation sur le compte de Charles, vous vous étenderez longuement sur les excellentes qualités que vous lui reconnaissez, vous ferez valoir bien haut sa brillante position, lorsque votre ami lui aura cédé son magnifique établissement; combien alors un mariage entre lui et moi serait avantageux, puis alors, vous révélerez le secret de nos amours, en ayant soin de faire entendre que de cette union dépend tout le bonheur de ma vie.

— Très bien! me voilà tout-à-fait dans l'esprit de mon rôle; laisse faire et je réponds d'attendrir ta mère, de la rendre propice à nos vœux.

— Hélas! le triomphe que vous espérez cette fois sera-t-il plus certain que bien d'autres qui vous ont échappés dans des circonstances moins importantes que celle-ci? Ah! je crains tant que vous ne faiblissiez en présence de ma mère et que sa sévérité ne vous contraigne à faire malgré vous le malheur de votre Lucia.

— Par exemple! me forcer à faire ton malheur, ma colombe, oh! jamais, jamais! Mais augure mieux à ton tour du cœur de ta bonne mère, qui, si plusieurs fois te contraria sur des caprices enfantins, se fera un devoir de faire aujourd'hui ton bonheur et ta joie en t'unissant à celui que tu préfères et qui réunis toutes les qualités essentielles à un excellent mari. Va, va, sois tranquille, je te réponds, mon enfant, de si bien disposer ma femme, que sans la crainte d'essuyer un refus, ton Charles, à sa première visite, pourra nous faire la demande de ta main.

— Combien dans mon cœur, vous faites descendre un doux espoir; mais, qu'il serait pénible pour moi de le voir déchoir! oh! je vous en conjure, mon bon père! afin d'éviter à votre Lucia un aussi grand malheur, lors de votre démarche près de ma mère; souvenez-vous que vous êtes le maître de disposer du sort de votre enfant, que votre volonté seule est suffisante, dit Lucia en joignant les mains et jettant sur son père un regard suppliant.

— Oh! oh! sais-tu bien, ma chérie, que ces paroles sorties de ta bouche, sont presque un conseil de révolte contre l'autorité conjugale, fait entendre le vieillard en essayant de donner à son regard une expression de sévérité.

— Pardon! pardon! bon père, et croyez bien que j'aime et respecte celle à qui je dois le jour ; mais connaissant l'empire que lui donne votre excessive amitié pour elle je crains que vous ne cédiez trop facilement à ses observations, si par malheur mon union avec Charles n'était point de son goût.

— Je doute fort qu'elle refuse pour sa fille, un parti aussi avantageux; et loin de partager tes appréhensions, j'ose presque te promettre un succès complet et selon tes désirs.

— Que le ciel exauce vos espérances, mon bon père, mais votre Lucia est loin d'augurer aussi favorablement de la démarche que vous allez tenter en sa faveur.

— Mais enfin, quoi donc peut te faire appréhender si fort la non réussite de tes vœux ?

— Ah ! c'est qu'il vient depuis un mois chez nous un certain monsieur Edouard Morisson, qui semble plaire infiniment à ma mère et m'obsède sans cesse de son hommage, de ses adulations, que cet homme m'inquiète et que je frémis qu'il n'en veuille à ma main.

— Dam! cela se pourrait bien, et tu m'y fais songer; ce Morisson est un gaillard adroit, bel homme, doux, spirituel, qui a su gagner l'amitié de ta mère et qui fait tout pour en mériter autant de ta part.

— Il n'y réussira pas, mon cher papa, car je le déteste!

— Tu es injuste, Lucia, M. Morisson est un homme fort aimable, qui fait tout pour gagner tes bonnes grâces ainsi que les miennes, aussi, je l'estime fort.

— Tant mieux pour lui, estimez-le alors pour vous et pour moi.

— Allons! je vois que son crime à tes yeux n'est autre que la crainte que tu ressens qu'il te demande en mariage.

— J'en conviens; aussi, ne pouvez-vous trop vous hâter d'instruire ma mère de l'amour qui m'unit à mon Charles, et d'obtenir son consentement à notre union, avant que M. Morisson ne se soit déclaré.

— Compte sur mon exactitude, mon ange, car dès ce soir, si ma femme est bien disposée, j'espère l'entretenir de cette affaire et emporter son consentement d'assaut.

— Que vous êtes bon!

Et la jolie fille en disant ces mots les accompagne d'une nouvelle caresse, puis, fourrant son bras sous celui de son père, elle se dirige doucement avec lui et à pas lents vers leur demeure.

C'était à Passy et dans le jardin de leur maison de campagne, que venaient de causer ainsi le père et la fille, qui tous deux, ayant atteint le péristyle du bâtiment, se séparèrent pour quelques instans, M. Bernard afin d'aller donner des ordres à son jardinier, et Lucia pour remonter chez sa mère d'où elle était absente depuis près de deux heures. A son entrée dans le salon, la jeune fille trouva la dame en compagnie de deux personnages, dont l'un est monsieur Edouard Morisson, jeune homme d'à peu près vingt-six ans, aux manières froides mais polies, orphelin dès l'enfance et maître d'une fortune de vingt mille livres de rente; Edouard Morisson qui, amateur de la vie champêtre, habite seul et depuis trois ans, loin du bruit de la capitale, une charmante villa des champs qu'il s'est fait construire à Auteuil, et où notre jeune homme mène, selon son goût, une vie douce et paisible qu'il partage entre les arts et la bienfaisance. Chacun dans le pays vante les talens en peinture, en musique, plus encore, les nombreuses charités que notre jeune homme ne cesse de répandre d'une main noble, dans les familles indigentes. Edouard, dans ses fréquentes promenades au bois de Boulogne, a souvent rencontré monsieur et madame Bernard ainsi que leur jolie fille, dont les grâces, la fraîcheur et l'air de modestie ont captivé à la première vue toute son attention. C'est à la mare d'Auteuil et placés tous quatre, par hasard, sur le même banc, qu'un beau soir d'été s'est fait la connaissance; que M. Bernard et son épouse, enchantés de l'esprit et de la conversation d'Edouard, l'ont engagé à vouloir bien les honorer de ses visites, et que lui, épris des charmes de Lucia, rêvant déjà avec elle union et bonheur, s'est empressé d'accepter et de se rendre à l'invitation. Depuis un mois déjà Édouard, négligeant ses études, passe ses journées dans la famille Bernard, et cela en contemplation devant Lucia, jolie fille, qui la première a ému et fait battre son cœur d'amour et d'espérance; mais, à qui jusques alors il n'a osé adresser un mot de sa tendresse en la voyant si froide à son égard. Maintenant, voyons l'autre personnage, c'est un grand homme au long nez, au regard de lynx, aux allures militaires, enfin monsieur de Rinville, soi-disant ancien capitaine de cavalerie, âgé de 36 ans, et retiré du service, grâce à la dot que lui a apporté sa femme avec qui, il ne vit plus, sous le prétexte que, madame est d'une humeur incompatible avec la sienne. « Madame, dit-il, habite au sein de sa famille, une petite ville de la Bauce, tandis que lui, qui ne peut souffrir la vie de province, la mène joyeuse à Paris. » De Rinville a été présenté depuis un an, aux époux Bernard dont, grâce à la gaîté de son caractère, à l'apparence d'une franche bonhomie, il a su gagner la confiance et l'amitié, et devenir le commensale de la maison. Lucia estime fort cet homme, parce qu'il est l'ami de Charles Dormer, celui qu'elle aime; parce que de Rinville est le confident de ses amours, et qu'il approuve et encourage la passion de la jeune fille pour celui dont il se dit être l'ami sincère. Ces deux messieurs accueillent Lucia avec bienveillance, empressement, et chacun d'eux se lève pour lui offrir un siége près de sa mère.

— D'où viens-tu, ma chère enfant? demande avec douceur madame Bernard à sa fille.

— Du jardin, avec mon père, ma chère maman.

— Vous ne pouviez être en meilleure société, mademoiselle; et j'aurais mauvaise grâce à me plaindre plus long-temps de la cruelle absence que vous venez de nous faire endurer, dit Edouard Morisson d'un accent plein de douceur, et à qui Lucia ne répond que par un léger sourire.

— Eh! que-faisiez vous dans ce jardin! belle amie, avec le cher papa? sans doute une étude des fleurs, un cours de botanique? fait entendre à son tour l'ex-capitaine en se dandinant les jambes croisées sur le dossier de sa chaise.

— Mieux que cela, monsieur de Rinville; nous causions de nos amis et connaissances, répond Lucia.

— J'ose croire alors que j'étais de ceux dont vous daigniez vous occuper, reprend de Rinville.

— Certainement; n'êtes-vous pas notre ami à tous.

— Et moi, mademoiselle, suis-je assez heureux pour avoir été compris dans le nombre? fait à son tour entendre Morisson.

— Oui, monsieur, nos connaissances n'ont point été oubliées.

— Ce n'est que parmi elles, à ce qu'il paraît, que vous m'avez classé, permettez-moi alors de m'en plaindre, mademoiselle, moi qui, de toute la force de mon ame, aspire à être de vos amis. Entendant ce reproche, Lucia, qui sent sa faute, rougit et baisse les yeux.

— Diable ! vous êtes fort ambitieux, mon cher Edouard, d'oser prétendre déjà marcher de pair avec nous, dans le cœur de nos amis; vous une connaissance d'un mois au plus. Attendez, jeune homme, car une faveur si grande ne s'obtient qu'à force de temps et de soins, ainsi donc! faites comme Charles et moi, sachez attendre, et mériter.

— Oh! c'est tout fait, capitaine, et dussiez-vous en prendre jalousie; je dois vous dire que mon époux et moi aimons monsieur Morisson de tout notre cœur, que nous l'acceptons et reconnaissons pour un bon et excellent ami; de plus, je dirais que Lucia est une sotte, si déjà elle n'a su apprécier ses excellentes qualités, et leur rendre toute la justice qu'elles méritent.

— Ah! madame, de grace, ménagez davantage votre aimable fille, et croyez que ce serait mal me servir près d'elle, que d'imposer à son cœur des sentimens que je n'ai encore eu le bonheur de lui inspirer, dit Édouard avec empressement, afin d'arrêter le reproche sur les lèvres de la maman.

— Croyez bien, monsieur, que je suis loin de mériter à votre égard le reproche d'indifférence qu'on m'adresse en ce moment, et puisse l'assurance de la parfaite estime que vous m'avez inspirée depuis long-tems, effacer ce qu'en moi a pu avoir de peu obligeant une parole mal rendue, ou mal comprise.

— Point d'excuses, mademoiselle, vous n'en avez nul besoin; voyez, au contraire, en moi l'homme le plus heureux, comme le plus satisfait, de posséder votre estime, puisque de ce même sentiment naîtra bientôt l'amitié.

— Superbe! voilà ce qui s'appelle de gentilles et mielleuses paroles, avec lesquelles on se faufile adroitement dans les bonnes graces d'une fillette; et je m'étonne, qu'avec un si doux ramage, une abnégation si absolue auprès des dames, que vous soyez encore garçon, mon cher Édouard, fait entendre en souriant le capitaine.

— Oh! si monsieur Morisson n'est point encore marié, je réponds bien que ce n'est pas faute de plaire aux femmes; car qui d'elles ne s'estimerait la plus heureuse de toutes de posséder un époux tel que lui, dit avec feu madame Bernard.

— De grace, madame, ménagez un peu plus sa modestie, voyez comme notre jeune Caton semble tout honteux de ces louanges dont, sans pitié, vous l'accablez à brûle-pourpoint, reprend l'ex-capitaine; je pense, ajoute-t-il, que le long célibat de ce cher Édouard dépend beaucoup de son trop d'exigence en fait de perfection chez la femme qu'il se propose d'unir à son sort.

— Serait-ce possible! parlez, monsieur Morisson, de Rinville aurait-il deviné juste? demande madame Bernard.

— Mais à peu près, répond le jeune homme.

— J'en étais sûr, voyons, expliquez-nous,

mon cher, ce que vous exigez dans votre compagne, afin qu'il nous soit facile de juger si vous n'êtes point trop ambitieux, dit de Rinville.

— Rien de plus facile, répond Édouard; je voudrais d'abord dans la femme de mon choix, une figure aimable; car ce n'est pas sans raison qu'on peint le vice hideux, c'est un frêle avantage, dit-on, que la beauté, une jouissance de quelques mois, soit, mais je la désire. Je voudrais surtout de beaux yeux, des yeux expressifs, car dans mon système, c'est l'organe de la parole, il ne ment jamais. En un mot, j'exigerais de la physionomie : car avec cela on s'entend, on se devine promptement : c'est la tachigraphie du cœur, l'âme s'écrit dans les traits; et quel plaisir de lire celle de son amie en caractères aimables et rapides ! Venons maintenant aux qualités morales, par où d'abord j'aurais dû commencer; j'exigerais un caractère souple, docile, et cela sans que ces vertus dégénérassent en faiblesse; en sus, je désirerais dans ma compagne, qu'aux qualités domestiques, s'alliassent de l'esprit, des connaissances; plus, de l'amabilité, non de luxe, mais de sentiment, enfin, une ame qui s'entendît avec la mienne, un cœur qui répondît au mien.

— Enfin! tranchons le mot, mon cher, vous voulez un être impossible, interrompt de Rinville brusquement.

— Non, mais celui que je rêve depuis long-temps, et que je crois enfin avoir trouvé, répond Édouard en fixant un tendre regard sur Lucia, qui ayant saisi ce coup-d'œil, devint rouge et tremblante...

— Hum! fait alors le capitaine, souriant dans sa barbe. Ici, l'entretien fut interrompu par un grand bruit qui se fit entendre dans la pièce précédente, ainsi que par l'arrivée de la femme de chambre de madame Bernard, qui, ouvrant la porte précipitamment, se jetta brusquement dans le salon.

— Qu'avez-vous donc, Louisa? demanda aussitôt la maîtresse, en voyant sa jeune chambrière toute essoufflée et rouge comme un coq de bruyère.

— Eh! madame, faites, je vous prie, finir monsieur Briolet, votre neveu, qui, chaque fois qu'il me rencontre seule dans un coin de la maison, me tourmente pour m'embrasser de force, voyez dans quel état il m'a mise, et comme je suis chiffonnée. Alors un grand éclat de rire se fait entendre, la porte s'ouvre de nouveau, et monsieur Briolet, jeune gaillard de vingt-quatre ans, au visage étroit, au corps fluet et petit, d'un saut, vient tomber au milieu du salon, tout en continuant de donner cours à son hilarité bruyante.

—Bonjour, bonne tante, bonjour, petite cousine; me voilà, j'arrive de Paris tout exprès pour dîner avec vous. Salut, capitaine; salut, monsieur Edouard Morisson surnommé le Caton en herbe.

— A çà, monsieur, aurez-vous bientôt fini de nous étourdir de votre bavardage, et ne vous lasserez-vous d'avoir aussi mauvais ton?

— Moi, mauvais ton, chère tantante, reprend Briolet en fesant une pirouette.

— Oui, monsieur, mauvais ton; soutenez le contraire, lorsque neveu de la maison, vous la respecterez assez peu pour oser en tourmenter les servantes, ainsi que vous le faites chaque fois que vous venez ici.

— C'est la faute de Louisa, tantante, pourquoi ne se laisse-t-elle embrasser de bon cœur ; ou plutôt pourquoi suis-je un si grand scélérat, adorant les femmes de toutes les conditions, lorsqu'elles sont jolies, s'entend, et tourmenté du désir de le leur témoigner.

— Taisez-vous ! votre conduite est celle d'un jeune homme mal élevé, et je vous engage fortement à en changer, si mieux vous n'aimez que je vous interdise l'entrée de notre maison.

— Suffit, tantante, on en changera ; on se conformera à vos désirs, et cela rien que dans l'intention de continuer à mériter vos bonnes grâces.

— Allons, allons, mauvaise tête, mais bon cœur, ce cher Briolet, convenez-en, madame Bernard? fait entendre le capitaine.

— Eh bien! petite cousine, qu'avons-nous donc, cher ange? notre joli minois paraît tout triste et contrit, reprend Briolet, en fixant Lucia après s'être mis à genou devant elle.

— Rien absolument, mon cousin.

— Ciel! que vous êtes jolie, adorable, énivrante, ma cousine; quel dommage! que vous n'ayez pas d'inclination pour moi, quel beau couple nous ferions ensemble!

— Quoi, le petit cousin songerait à sa cousine? dit de Rinville.

— Oh! plus maintenant, mais jadis; et comme Lucia a manqué de goût au point de refuser en moi son bonheur, j'ai pris le parti de ne plus l'adorer; oui, je me suis fait une raison, répond Briolet.

— Et ailleurs vous avez porté vos hommages, dit Edouard en souriant.

—Comme vous dites, monsieur Morisson;

ne me voyant pas en veine de succès près des jeunes filles, je me suis jeté à corps perdu dans les veuves, je me fais leur consolateur, enfin, je les exploite en masse, jusqu'à ce que la fortune de l'une d'elles me fixe irrévocablement en lui méritant le titre glorieux de mon épouse.

— J'augure d'après cela, que l'ami Briolet aime les éducations toutes faites, observe le capitaine.

— Plus encore, le fruit un peu mûr, il est plus tendre. Ainsi donc, capitaine, si dans vos connaissances, il existe quelque veuve belle, riche et sensible, qui soit en disposition de convoler à de nouveaux liens, daignez me présenter; me voilà, doué d'un physique des plus agréables, d'un caractère angélique, à peine sorti de l'enfance et possesseur de six mille livres de rentes.

— Briolet, vous êtes un extravagant, mon cher neveu.

— Etes-vous donc de ceux qui prétendent que j'ai la tête toquée? chère tantante.

— Mais oui, répond en riant madame Bernard.

En ce moment paraît monsieur Bernard, couvert de sueur, la perruque de travers, arrivant du jardin où, selon son habitude et pour son agrément, il vient de bêcher et jardiner à cœur joie.

— Vous voici en un bel état, vous vous tuerez, mon ami, avec votre manie de vouloir faire l'ouvrage de votre jardinier, s'écrie madame Bernard, en apercevant son époux, en cet état.

Alors, Lucia quitte aussitôt la place qu'elle occupe, puis coure vers son père, et de son mouchoir, essuie le front, la figure du vieillard, puis le gronde aussi de son imprudence tout en le comblant de caresses et de soins.

— Bien! très bien! une bonne fille ne peut faire qu'une bonne épouse, murmure tout bas Edouard, en contemplant Lucia, et souriant avec ivresse à ses prévenances filiales. Et la conversation devint générale, puis se prolongea jusqu'au dîner, où après y avoir été conviés prirent part les trois visiteurs.

CHAPITRE II.

DEMANDE EN MARIAGE. — RÉSISTANCE.

Le repas terminé, on passa au salon où un aimable entretien, puis un peu de musique exécutée par Edouard et Lucia aidèrent à achever la soirée. Onze heures venant à sonner donnèrent le signal de la retraite, Edouard Morisson prit le premier, congé de la famille et se dirigea vers Auteuil, Briolet, après avoir refusé l'hospitalité que lui offraient son oncle et sa tante, sous le prétexte, qu'une présentation chez une veuve jeune et riche réclamait sa présence le lendemain matin à Paris, se dirigea vers la voiture de Passy, puis la capitale.

— A moi donc, maintenant, de faire comme eux, dit de Rinville, resté le dernier au salon avec M. et madame Bernard; mais avant de vous quitter, mes chers et bons amis, je veux profiter de ce moment de liberté, pour m'acquitter d'une mission délicate que je suis chargé de remplir près de vous.

— Restez donc, mon cher capitaine, et sachons de quoi il est question, dit madame Bernard.

— Oui, de quoi s'agit-il? fait entendre à son tour le mari, en indiquant un siége à M. de Rinville.

— Rien moins que d'une demande en mariage, répond ce dernier.

— Ah! ah! c'est le jour, à ce qu'il paraît, dit madame Bernard.

— Quoi! quelqu'un m'aurait-il déjà devancé? s'informe le capitaine.

— Oui, ce matin, mais, reste à savoir si votre prétendant n'est pas celui qui déjà s'est déclaré; parlez donc, M. de Rinville.

— Moi, madame, je viens de la part de notre ami commun, Charles Dormer, vous demander la main de votre charmante Lucia, Charles en est épris, ose croire ne pas lui être indifférent, et vous promet de faire le bonheur de cette enfant.

— Charles, oh! excellent garçon, que j'aime infiniment, et c'est avec plaisir que je l'accepte pour gendre; n'est-ce pas, ma chère amie, que vous l'acceptez aussi pour mari de notre fille? répond et demande M. Bernard.

— Monsieur de Rinville, je suis désolée de répondre par un refus à la demande que vous nous faites, mais, ce matin même, j'ai promis à monsieur Morisson la main de Lucia.

— Bah ! tu ne m'en as rien dit, ma chère amie.

— Je comptais vous en prévenir ce soir même, monsieur, répond froidement la dame à son mari.

— Est-ce possible! quoi, madame, donner Lucia à M. Morisson, de préférence à Charles, que vous connaissez depuis son enfance, à Charles, dont vous connaissez de même les bonnes qualités et l'amour extrême qu'il porte à votre fille, observe de Rinville avec surprise.

— Oui, monsieur, j'ai promis ma fille à M. Morisson, de préférence à Charles, dont cependant je savais depuis long-temps les intentions.

— Mais encore, madame, quelle raison a pu faire naître une telle préférence de votre part?

— Oui, ma chère, réponds à de Rinville, à moi; qui a pu te faire préférer Édouard à Charles ? demande aussi le mari d'un ton calme.

— En ce que, dans M. Morisson je

rencontre l'assemblage des plus excellentes qualités, et qu'avec un tel époux, Lucia ne peut manquer d'être la plus heureuse des femmes.

— D'accord! reprend le capitaine, mais sans chercher à nuire à votre préféré, madame, je me plais à reconnaître de même, dans Charles, d'excellens principes, avec un peu moins de fortune, j'en conviens.

— Aussi n'est-ce pas cette dernière considération qui a guidée mon choix, répond la mère de Lucia.

— Alors, ma chère femme, qu'est-ce donc? car enfin, à mérite égal, j'eusse préféré Charles, que notre fille aime, et dont elle est aimée, risque le mari d'un ton presque assuré.

— Avez-vous oublié, monsieur Bernard, que Charles Dormer, choisi par nous pour devenir notre gendre, et qui paraissait épris de Lucia, séduisit, il y a deux ans, en notre propre maison, et presque sous nos yeux, une jeune fille que vous et moi avions recueillie et adoptée comme notre second enfant? dit madame Bernard avec une sévérité mêlée d'indignation.

— Hélas! non; mais dans cette étourderie de jeunesse, le cœur de Charles, tout entier à Lucia, ne fut point de la partie, je vous assure; cette petite Lolotte, jeune fille écervelée, s'étant éprise d'amour pour le jeune homme, se jetta à sa tête.

— Si le cœur de Charles n'était point ainsi que vous le dites, de la partie, il n'en fut alors que plus coupable, en corrompant une pauvre fille, en me forçant de la chasser de chez moi, ainsi que j'eus l'imprudence et la cruauté de le faire.

— En cela, vous eûtes parfaitement raison, ma chère; car cette Lolotte ne méritait nulle pitié, la preuve en est, que l'effrontée, loin de se corriger, de réparer sa faute par une meilleure conduite, s'est dit-on, lancée dans une vie déréglée.

— Eh bien! monsieur, à qui s'en prendre, de la perte de cette enfant? à votre Charles, qui la séduisit, à moi, que la colère rendit cruelle ; qui, au lieu de pardonner, de ramener Lolotte a de bons principes, la chassa imprudemment de notre demeure, et l'abandonna sans expérience ni secours dans un monde qui acheva bientôt sa perte.

— Allons, ma chère, ne vous accusez pas ainsi ; est-ce de votre faute, si, ramenée par le cœur à de plus douces intentions, Lolotte refusa de revenir à nous, lorsque vous lui envoyâtes son pardon ? dit M. Bernard, en voyant une larme s'échapper de la paupière de sa femme.

— Ainsi donc, madame, plus d'espoir pour Charles Dormer, fait entendre le capitaine, voulant ramener l'entretien sur la demande de son protégé.

— Non, M. de Rinville, car j'ai donnée ma parole au plus digne des hommes.

— Qui, je l'espère, ne dérogera pas aux lois de la délicatesse, en épousant une fille malgré elle.

— Malgré elle, capitaine ; oh ! non, car je suis persuadée que Lucia se rendra à mes conseils, qu'elle acceptera, sans regret, l'époux que je lui donne pour son bonheur.

— Hum! je ne crois pas, fait entendre M. Bernard.

— Cela sera, monsieur, et je vous engage fort à préparer votre fille, dont, à ce que je m'aperçois, vous êtes le confident, à m'obéir aveuglément en cette circonstance.

— Sans doute, ma chère, je connais trop mes devoirs pour en agir autrement, et ne point seconder les volontés d'une mère.

— Or donc! madame, c'est un refus formel qu'il me faut porter à Charles, notre ami, dit M. de Rinville.

— Et de plus, lui faire savoir que c'est avec regret que je me vois forcée de l'engager à suspendre ses visites près de nous, jusqu'au mariage de Lucia.

— Fort bien, madame, le refus et l'exil pour ce pauvre garçon: ah! vous êtes cruelle à son égard, avouez-le?

— En vérité, capitaine, je suis surprise de vous voir si dévoué pour Charles, et prendre si chaudement ses intérêts, vous, jadis, son ennemi juré, pour quelle raison? je n'en sais rien par exemple.

— Oh! une bagatelle; au surplus, les torts étaient tous de mon côté; aussi, est-ce à force de zèle et d'amitié que je veux effacer le souvenir d'un moment d'injustice envers mon plus sincère ami.

— Capitaine, vous avez une ame noble, un superbe caractère, dit M. Bernard en pressant avec effusion la main de de Rinville.

Encore un quart-d'heure d'entretien sur le même sujet, et le capitaine qui, vue l'heure avancée, devait coucher cette nuit chez les époux Bernard, prit congé de ces derniers, et se dirigea vers la chambre qui lui était destinée.

— Oh! ils ont beau faire, le repousser, lui en préférer un autre, Charles épousera Lucia; il faut que cela soit, je le veux, car ce mariage est nécessaire à ma vengeance. Charles! Charles, je veux te donner pour épouse la femme que tu aimes, combler tes vœux et ton bonheur, te laisser jouir un instant de la plus pure félicité; puis ensuite, prendre la revanche de l'insulte que tu me fis jadis; outrage infâme! que j'aurais dû laver dans ton sang, mais que ce sang n'aurait pu effacer encore. Oui, il me faut davantage, et avant de te tuer, je veux te torturer comme tu m'as torturé, briser ton ame, comme tu as brisé mon ame, enfin! séduire, ou faire séduire ta femme comme jadis tu séduisis la mienne, jetter le désordre, la honte et la ruine dans ton ménage; puis, lorsque le désespoir et la misère seront devenus ton partage, te cracher l'injure à la face, et t'arracher après une existence, que je ne t'aurai laissée jusque-là, qu'afin de jouir plus long-temps de la vue du supplice que j'aurai fait endurer à ton ame.

Ainsi pensait de Rinville, absorbé dans le fauteuil sur lequel il s'était jeté en entrant dans sa chambre, puis, retombant de nouveau dans ses réflexions.

— Oui, à moi Lucia, ton épouse, si l'amour ou l'audace seconde mes desseins; à moi, cette jeune fille si belle et si fraîche; mais, repoussé par elle, s'il me faut perdre l'espoir de la posséder, qu'un autre, par mes soins, assure ma vengeance en t'arrachant son cœur, en souillant ta couche.

Cela dit, et fixant la pendule qui alors marquait minuit, de Rinville se lève, ouvre sa porte, et à bas bruit, se glisse dans les détours de la maison, pour aller frapper doucement à une petite porte située près de l'appartement de M. et madame Bernard.

— Est-ce vous? fait entendre la voix de Lucia.

— Oui, c'est moi, de Rinville.

Alors, la jeune fille prévient le capitaine qu'elle va se rendre au jardin, où elle le prit de vouloir bien aller l'attendre. Quelques minutes après, ils étaient tous deux réunis sur un banc éloigné de la maison.

— Eh bien! capitaine?

— Eh bien! ma chère, les affaires s'embrouillent, votre mère repousse Charles sans pitié, et accorde votre main à M. Édouard Morisson.

— Oh! ciel, est-ce possible?

— Que de trop, hélas!

— Mais, monsieur, vous n'avez donc pas dit à ma mère, que j'aime Charles, que j'en suis aimée, que de me donner un autre que lui pour époux, c'est vouloir me désespérer et causer ma mort.

— J'ai tout employé pour la persuader, votre père lui-même s'est joint à moi, mais madame Bernard, qui ce matin même vous a promise à M. Morisson, est restée inflexible devant nos efforts et nos prières.

— Mon Dieu ! que je suis malheureuse ! fait Lucia avec désespoir; de grâce, M. de Rinville, sauvez-moi la douleur d'être la femme d'un autre que de mon Charles, essayez encore près de ma mère une nouvelle démarche, de plus, voyez M. Morisson, dites à cet homme, que je ne l'aime pas, que je ne l'aimerai jamais, qu'un autre possède mon cœur tout entier et que je préfèrerai mourir cent fois, plutôt que de lui être infidèle.

La jolie fille parlait ainsi avec feu, et durant ce temps, de Rinville avait glissé son bras autour de sa taille, qu'il attirait sur son sein, où Lucia, confiante dans l'amitié de cet homme, et acceptant ses caresses comme celles d'un père, se laissait entraîner.

— Folie! ma chère enfant, que de chercher à attendrir une mère, dont la résolution est irrévocable, et qui pousse même la précaution jusqu'à fermer, dès ce moment, la porte de sa maison à notre pauvre Charles.

— Hélas! plus d'espérance donc! ah! que faire, que devenir!

— Jeter au diable de faux scrupules, reprend de Rinville, et suivre sans hésiter les avis que me dicte l'intérêt que m'inspirent vous et votre heureux amant. En parlant ainsi, il caressait de sa main les cheveux de la jeune fille et ses lèvres se posaient sur son beau front.

— Parlez, oh! parlez et soyez mon sauveur! dit Lucia, en cherchant à éloigner son visage que retient aussitôt de Rinville, et sur la bouche duquel il dépose un amoureux baiser.

— Monsieur!! s'écrie Lucia effrayée, en s'arrachant aux étreintes du capitaine; en s'éloignant de lui avec rapidité :

— Allons, allons, enfant! pourquoi vous

effrayer d'une simple caresse inspirée par l'amitié? venez, venez reprendre votre place et aviser avec votre meilleur ami, au moyen de réaliser votre bonheur et d'obtenir votre amant. Puis, la jeune fille, dont de Rinville a ressaisi la main et qu'il attire à lui, reprend la place qu'elle occupait avant.

— Oui, je vous le repète, Lucia, Charles est perdu pour vous, si vous armant de fermeté, vous ne mettez votre mère dans l'impossibilité de vous refuser à ses vœux...

— Je ne vous comprends pas, monsieur; comment faire, hélas! pour amener ma mère à ce point ?......

— Comment? rien de plus simple! en fuyant de cette maison, en vous réfugiant chez votre amant, en écrivant ensuite à Edouard Morisson, afin de l'instruire d'une démarche qui lui fera comprendre qu'il ne doit plus songer à vous.

— Mon dieu! mais c'est bien mal ce que vous me conseillez là, et je n'oserai jamais l'exécuter, répond Lucia, toute tremblante.

— Alors, ma chère, ne me demandez donc nul conseil, si vous vous sentez incapable de les suivre; et, en fille docile, épousez sans plus hésiter l'homme à qui vous donne votre mère.

— Jamais! jamais! mais, de grace, M. de Rinville, n'est-il donc un autre moyen d'éviter une union que je déteste.

— Avec le caractère entêté de cette chère madame Bernard, je n'en connais pas de meilleur et de plus sûr que celui que je vous propose et qui semble vous répugner si fort.

— Mais il est odieux et me déshonorerait.

— Bah! crainte d'enfant, quel grand mal, n'est-ce pas, que d'aller trouver celui qu'on aime, et se mettre quelques heures sous la sauve-garde de son honneur, de sa délicatesse, de lui demander asile et protection contre la tyrannie d'une mère impérieuse.

— Mais, que diraient ma famille, nos amis, d'une pareille incartade de la part d'une fille de mon âge?

— Ce qu'il leur plaira, qu'importe! si l'amour vous excuse et couronne vos vœux.

— Ah! capitaine, j'aurai bien de la peine à me décider pour une semblable action.

— Et moi, à votre place, je l'exécuterais à l'instant même; je me confierais à un ami sûr, à de Rinville, enfin! qui dans l'ombre de la nuit guiderait mes pas vers mon amant.

— Non, non, oh! je n'ose, et je frémis rien que d'y penser. Mon bon père! demain, que dirait-il, hélas! en ne me revoyant pas? Ah! il mourrait de douleur.

— Au contraire; sa noble indignation ressuscitant son énergie, il reprocherait à une mère injuste d'avoir réduit sa fille au désespoir, de l'avoir forcée de fuir le toit paternel. Puis, dans la matinée, arriverait une lettre de votre main, dont le contenu leur ferait réfléchir qu'une fille qui a passée la nuit chez son amant, ne peut devenir la femme d'un autre, et la respectable maman Bernard, après avoir exaltée son courroux, rappellerait auprès d'elle

Charles et Lucia, afin de les unir ensemble par les liens de l'hymen.....

— En effet, ce moyen serait, je pense, infaillible, mais, il est si coupable! répond Lucia après avoir réfléchi un instant.

—Eh bien! décidez-vous, ma toute belle, me voilà tout à votre service.

— Pas encore, pas encore, M. de Rinville, laissez-moi au moins le temps de réfléchir, d'essayer à attendrir ma mère par mes prières et par mes larmes.

— C'est en vain que vous vous efforcerez de remplir cette tâche, ma chère amie, et cependant je vous laisse libre d'en essayer. Quant à la fuite, c'est à Charles que je laisse le soin de vous y décider.

— Pauvre Charles! est-il bien possible que ma mère lui ferme désormais l'entrée de notre demeure?

— Ce soir, telle a été l'expression de sa volonté, répond le capitaine.

— Hélas! ne dois-je donc plus le revoir; me faudra-t-il souffrir loin de lui?

— Le voir, rien de plus facile : car demain soir, à onze heures, lorsque, dans cette maison, chacun se sera livré au repos, Charles pénétrera dans ce jardin par la petite porte qui donne sur les champs, et attendra Lucia, sa bien-aimée, sous ce berceau. Vous y serez, n'est-ce pas, ma toute belle?

— Je n'ose le promettre, répond Lucia avec timidité.

— Quel enfantillage! Quoi, refuser à l'amant aimé ce que depuis quelque temps vous ne craignez pas d'accorder à l'amitié.

— Ah! c'est qu'il est si doux pour mon cœur de vous entendre m'exprimer l'amour et les désirs de Charles.

— Combien cette jouissance sera plus douce encore, lorsque demain la bouche même de cet amant vous fera entendre gentils sermens d'amour et de fidélité. Croyez-moi, Lucia, ne vous privez pas du bonheur suprême en refusant d'admettre près de vous celui que votre cœur adore, celui à qui l'on veut vous arracher sans pitié.

A demain donc, ma belle; car, au point du jour, je cours instruire notre ami du malheur qui le menace; de plus, que sa Lucia, inconsolable, l'attend ici, afin de lui demander secours et protection contre la tyrannie.

Cela dit, de Rinville s'éloigne après avoir déposé un nouveau baiser, aussi prompt que l'éclair, sur le cou de la jeune fille, absorbée en ce moment dans de profondes réflexions, d'où elle ne sortit que long-temps après, pour regagner sa chambre, où elle se livra long-temps à tout l'excès de sa douleur amère. Le lendemain de grand matin, Lucia, qui n'avait pu fermer l'œil de la nuit, vit avec surprise sa mère entrer dans sa chambre, et venir s'asseoir près de son lit.

— Comme tu es pâle et défaite, mon enfant. Serais-tu indisposée? dit la dame, en la fixant attentivement.

— Non, maman.

— Alors, nous pouvons causer un instant ensemble. Prête-moi donc toute ton attention.

— Je vous écoute, maman, répond la jeune fille avec émotion.

— Hier, Lucia, un honnête homme, comme j'en désirais un pour époux à ma fille, m'a fait la demande de ta main, et cet homme n'est autre que M. Édouard Morisson, dont le choix qu'il fait de ta personne est pour nous tous aussi honorable qu'avantageux. Certaine de l'obéissance d'une fille dont je ne veux que le bonheur, j'ai cru devoir accepter l'alliance qu'il m'offrait, et engager ma parole et ta main.

— Oh! ma mère, s'écrie alors Lucia, en joignant les mains, et levant vers madame Bernard un regard suppliant; oh! ma mère, si, comme vous venez de le dire, le bonheur de votre fille vous est cher, gardez-vous de conclure un hymen qu'elle détesterait, et qui ferait le malheur de sa vie...

— Plaît-il? fait madame Bernard d'un ton sévère. Quoi, folle, votre union avec un jeune homme bon, spirituel et riche, ferait, dites-vous, le malheur de votre vie?.....

— Hélas! oui, ma mère : car mon cœur appartient tout entier à un autre, dit la jeune fille avec timidité.

— Ah! et cet autre est votre Charles, n'est-ce pas? un garçon sans caractère, sans fortune, un libertin qui a causé la perte de Lolotte, et n'a pas craint de la séduire sous nos yeux, dans notre propre maison, qui maintenant, n'ambitionnant que votre dot, fait semblant de vous aimer, et vous tourne la tête.

—Ah! ma mère, sachez mieux apprécier celui que mon cœur préfère. Non, Charles n'a point manqué à l'honneur : car, aimé de Lolotte, il repoussa son amour, tenta de la rappeler à la raison, à la sagesse; elle, peinée de tant d'indifférence, et perdant tout espoir de triompher d'un cœur qui la repoussait, abandonna d'elle-même votre demeure hospitalière, et s'éloigna de Charles, qui, depuis ce temps, ne la revit jamais.

— Bon! bon! histoire que tout cela, inventée par votre préféré afin de se justifier près de vous. Mais moi, qui connais la vérité, et trouve prudent d'empêcher que vous soyez la dupe d'un faux-semblant d'amour et de vertu de la part de M. Charles Dormer, je vous défends sérieusement de penser plus long-temps à lui, et vous ordonne en plus, ma chère fille, de vous disposer à devenir, sous six semaines, la femme de M. Morisson.

— Ah ! ma mère, ma mère, vous qui aimez votre Lucia, voulez-vous donc la rendre la plus malheureuse des femmes ! s'écrie la jeune fille avec désespoir.

— Allons, enfant, peux-tu croire que telle soit mon intention ? non ! non ! va, fies-toi à l'expérience, à l'amour de ta mère, pour veiller sur ton bonheur, pour te préparer un avenir fortuné, reçois donc de sa main prudente et sage, l'époux qu'elle te donne en ce jour. Bientôt, désillusionnée sur cette passion imaginaire, qui en ce moment te rend rebelle aux voeux de tes parens, heureuse au sein de ton ménage, chérie par le plus tendre des époux, tu me remercieras, mon enfant, de tant de félicité, et d'avoir fait ton bonheur malgré toi.

—Non, jamais! jamais d'autre, que Charles; oh! ma mère, ayez pitié de moi! fait Lucia avec angoisse.

— Te lasseras-tu, imprudente, de fatiguer ma patience; quoi, tu restes sourde à mes conseils, rien ne peut vaincre ta dangereuse obstination? Eh bien! puisqu'il n'y a rien à espérer de sage en toi, c'est donc à ta mère de t'éloigner du précipice où ton entêtement t'entraînerait indubitablement, à employer son autorité, pour te garantir de ta perte. Prépare-toi donc à m'obéir, Lucia, et songe, qu'une plus longue résistance ne servirait qu'à m'irriter sérieusement sans changer ma volonté et mes dispositions. Je te laisse, mon enfant, réfléchis sérieusement, et rendue à la raison, reviens ensuite, sage et soumise, retrouver ta mère et recevoir son baiser, sa bénédiction.

Cela dit, madame Bernard s'éloigna en laissant sa fille abattue et les yeux remplis de larmes.

CHAPITRE III.

CHARLES DORMER.

Charles Dormer, doué d'un physique agréable, est âgé de vingt-quatre ans; orphelin dès l'enfance, maître de bonne heure de ses actions et d'une somme de soixante mille francs que lui laissa sa mère en mourant, notre jeune homme s'est hâté de dissiper en peu de temps son léger patrimoine. Charles a de l'abandon, de la douceur, qu'on pourrait même taxer de faiblesse et qui le rend l'esclave de la volonté des autres. Sa trop grande passion pour les femmes a beaucoup contribuée à sa ruine. Ramené à une vie plus sage par les bons conseils de M. Bernard, ancien ami de sa famille, et de plus, contraint de travailler, afin de se créer un avenir, Charles a donc accepté une place chez M. Bournon, riche négociant dont il gère depuis deux ans la manufacture avec zèle et probité. Bien accueilli chez les époux Bernard qui se plaisaient à le traiter comme leur propre enfant, Charles, oubliant ce que l'hospitalité avait de sacré, sans réfléchir aux suites de cette imprudence, s'est, en effet, rendu coupable de la faute, qui ce jour, lui attire le refus de la main de Lucia, celle enfin de séduire une jeune fille, enfant de pauvres parens, recueillie à l'âge de dix ans par les généreux Bernard, qui, en en faisant la compagne de leur fille, espéraient la doter et l'établir un jour. Notre jeune homme fut d'autant plus coupable dans cette circonstance, que, chez lui, le caprice et les sens l'avaient seuls poussé à cette imprudente et déloyale séduction. Non content d'avoir fait le malheur de cette fille, Charles Dormer s'était épris en plus d'un nouveau et violent caprice, pour l'épouse jeune et belle du capitaine de Rinville, alors en garnison à Rouen, et profitant de l'absence du mari, après avoir rencontré madame de Rinville dans la société, notre séducteur entreprit la tâche de s'en faire aimer et n'y réussit que trop complètement. Ce fut un soir que de Rinville, de retour à Paris, sans en avoir prévenu sa femme qu'il trouva absente de chez elle, découvrit dans le tiroir d'une toilette, une lettre de Charles, ainsi conçue, que l'imprudente épouse avait conservée et dont la date ne remontait que de la veille.

« Le temps est superbe, ma belle Julia, le soleil aussi brûlant que l'amour inspiré à mon cœur par l'éclat de tes beaux yeux; veux-tu donc, demain, venir passer la journée près de celui que tu dis tant aimer? viens, car pour éviter tous regards importuns et les propos dangereux, je te donne rendez-vous a notre joli réduit champêtre de Romainville, dans ce temple de volupté, où nos bouches se répètent si souvent, je t'aime, où nos caresses le prouvent mieux encore. Viens, te dis-je, et si le reste du jour qui doit nous réunir ne suffit pas à nos transports, la nuit, si propice aux amours, couvrira de son ombre protectrice les délices qui nous sont réservés dans les bras l'un de l'autre. Amant pour la vie.

« TON CHARLES DORMER. »

Qu'on juge du transport furieux de de Rinville, lui, l'époux de Julia depuis moins d'un an, lui qui adorait cette femme à qui il s'était unie par amour et dans laquelle il avait placé tout son bonheur et sa confiance.

— Oh! vengeance, mort à tous deux! s'était écrié le capitaine dans son transport furieux; oui, leur vie, leur sang tout entier pour une telle injure!.... oh! Julia, Julia! toi perfide, infidèle, et en ce moment, dans les bras d'un autre, lorsque plein d'amour j'accours vers toi. Malheureuse! ah! que cette trahison va te coûter chère ainsi qu'à ton lâche séducteur!

Et cela disant, de Rinville agitait convulsivement les pistolets dont il venait d'armer ses mains.

— Mais où les trouver? comment les surprendre? comment les tuer ensemble, et dans les bras l'un de l'autre?..... Romainville! Romainville!... Mais là, ils se cachent à tous les yeux, mes recherches seraient vaines, et cependant plus je tarde, plus ils m'insultent et m'outragent!... Les tuer, les tuer! non, ce n'est pas assez, reprend de Rinville après quelques instans d'un farouche silence, non, la mort seule serait trop douce pour eux, il me faut une vengeance lente, mais terrible, et j'y songerai...

Alors de Rinville dépose ses armes, tombe dans une réflexion profonde, puis, après avoir rappelé le calme sur ses traits, il sonne la femme de chambre de son épouse.

— Votre maîtresse, m'avez-vous dit, couche ce soir à la campagne chez des amis ?

— Oui, monsieur; car madame était loin de compter aujourd'hui sur votre retour.

— Quelles sont ces gens chez qui madame doit passer la nuit ?

— Une jeune dame de ses amies, répond avec calme la chambrière.

— Marie, je ne coucherai point ici cette nuit; un Napoléon d'or pour vous, si vous cachez à mon épouse mon retour, votre congé demain, si vous êtes indiscrète.

— Je me tairai, monsieur.

— Très bien ! surtout pas de trahison secrète, car il y va du bonheur de votre maîtresse.

Et de Rinville s'éloigna pour revenir le lendemain chez lui vers le midi, chez lui où, à sa vue, Julia, son épouse, feignant la joie la plus vive, courut se jeter dans ses bras et lui prodigua les plus tendres caresses, que l'époux reçut comme de coutume, c'est-à-dire, avec un visage riant et la louange à la bouche.

— Méchant ! qui me surprend ainsi, qui arrive sans m'en prévenir, qui court le risque de me trouver absente ; car vous saurez, monsieur, que votre femme, de retour ce matin seulement, était depuis hier à la campagne chez des amis.

— Des amis, les connais-je ?

— Non, mon ami.

— J'espère que tu me présenteras à eux.

— Sans doute ! madame Saint-Léger, une femme charmante, M. Charles Dormer, son cousin, deux personnes que j'ai connues cet hiver aux soirées de M. Bournon, le manufacturier.

— Fort bien ! j'ai hâte de faire aussi connaissance avec des personnes que tu as jugé digne de t'attacher par les liens de l'amitié; ne pourrions-nous les avoir demain à dîner ?

—Demain, c'est bientôt, répond la dame à la demande de son époux.

— Dam ! ma chère, c'est que je suis pressé, j'ai fort peu de temps à rester près de toi, vu qu'un ordre supérieur me rappelle à mon régiment sous quatre jours.

— Quoi! sitôt que cela ?

— Hélas! oui.

— Alors, mon ami, c'est à moi à te faire passer gaîment les courts instans que tu dois rester près de ta femme; et, de ce pas, je vais inviter les convives que tu désires connaître.

Le lendemain donc, à six heures du soir, madame Saint-Léger, intrigante dévouée à l'amant, et se disant sa cousine, ainsi que M. Charles Dormer, prenaient place à la table de M. de Rinville, et bien accueillis de ce dernier ainsi que de Julia, ils donnaient cours à la plus vive hilarité en assurant le capitaine de tout le plaisir que leur procurait sa connaissance, dont ils faisaient le plus grand cas. Le repas et la soirée terminés, les convives partis après avoir reçu du maître de la maison l'assurance d'une sincère amitié, de Rinville et sa femme passèrent dans leur chambre à coucher et là.....

— J'espère, mon ami, dit la dame à son époux, que ce soir vous ne me ferez pas, ainsi que la nuit dernière, l'injure de refuser le partage de mon lit?... Répondez-donc, monsieur, que faites-vous, à quoi réfléchissez-vous dans ce grand fauteuil où vous semblez absorbé dans de vilaines pensées?

— En effet! je pense, répond avec sévérité le capitaine, à la perfidie des femmes, à la vôtre, infâme Julia!

— Oh! ciel, que signifie ce discours, mon ami? Est-ce bien à moi qu'il s'adresse?

— Jugez-en par la vue de cette lettre, misérable! s'écrie de Rinville en s'emparant du bras de son épouse qu'il poigne avec force, et l'attirant près de la bougie qui brûle sur la cheminée, et lui présentant la lettre fatale, dont la vue glace aussitôt la coupable Julia de crainte et d'effroi. Réponds, réponds, malheureuse! quel châtiment dois-je appliquer à l'insulte que tu m'as fait? comment faut-il me venger de ta perfidie? dit le capitaine d'une voix tonnante et la fureur dans le regard.

— Oh Dieu! lâchez mon bras, monsieur, vous me meurtrissez horriblement, murmure avec peine Julia.

— Eh! que m'importe tes souffrances, peuvent-elles égaler celles que ta conduite odieuse a plongé dans mon cœur; réponds, te dis-je, que dois-je faire de toi, te tuer, n'est-ce pas, te tuer à l'instant même?

Et cela disant, de Rinville la renverse brusquement à terre, et dans son transport furieux lève sur elle un bras terrible.

— Grâce! grâce et pitié! ah! ne me tuez pas, laissez-moi, au moins, le temps de pleurer et d'expier ma faute, s'écrie l'infortunée, tremblante, en joignant des mains suppliantes et fixant sur son époux des yeux inondés de larmes.

— Non, non! toi, ton amant, je ne vous tuerai pas encore, à tous deux je laisse la vie, admire ma générosité; mais, à l'instant même, toi et moi allons partir pour l'Espagne; là, un couvent deviendra ta retraite, tu y demeureras jusqu'au jour où je viendrai t'y reprendre, tes actions y seront surveillées, nul moyen pour toi d'écrire à ton amant, de l'instruire des lieux que tu habites; à ce prix, je t'accorde la vie, un refus de ta bouche et tu cesses d'exister!

— J'obéirai, monsieur, qu'il en soit fait selon votre volonté, répond Julia en versant un torrent de larmes.

— Partons donc aussitôt, car tout est disposé et la voiture nous attend à la porte.

Un mois après, de Rinville, de retour de l'Espagne, et après avoir donné sa démission du grade qu'il occupait dans l'armée, dînait au Café Anglais avec son nouvel et intime ami Charles Dormer, à qui, après avoir raconté la mort prétendue de Julia, son épouse, il jurait, le champagne en main, une éternelle amitié.

— C'est comme je viens de vous le dire, mon cher Charles, sa mère refuse de vous la donner pour épouse, et vous préfère ce monsieur Morisson que vous avez souvent rencontré chez eux; oui, elle vous refuse Lucia, et cependant, j'ai déployé toute l'éloquence dont je suis capable, afin de l'emporter sur votre rival, et vous obtenir la préférence, rien! l'inflexible maman Bernard est restée sourde à mes prières, à mes excellens raisonnemens, disait de Rinville au jeune homme le lendemain de la malencontreuse demande en mariage.

— Est-ce possible? répondit Charles, dont les traits exprimaient le plus triste désappointement, est-ce possible! moi, dont elle connaît l'amour sincère et brûlant pour sa fille; elle me la refuse! et presque l'enfant de la famille, je me vois préférer un étranger, un homme qu'on connait à peine depuis un mois. Et Lucia, Lucia! mon cher de Rinville, que pense-t-elle, que dit-elle de ce fatal contre-temps!

— La jolie fille se désespère, pleure à chaudes larmes, et ne menace pas moins que de s'ôter la vie si on la contraint à épouser un homme qu'elle ne peut souffrir.

— Pauvre Lucia! ah! courons près de sa mère, de Rinville, courons, que je me jette à ses pieds, afin de changer sa cruelle résolution et attendrir son ame en ma faveur.

— Peine inutile, vous ne réussirez pas, mon jeune ami, car la bonne dame, non seulement vous ferme la porte de sa maison, mais est en plus entièrement décidée à ne s'attendrir le moins du monde en votre faveur..

— Mais son époux, lui, si bon, qui parait tant m'aimer, et souvent me fit espérer un doux mariage entre sa fille et moi...

— Ce pauvre Bernard, girouette, mon cher, que sa très haute et puissante épouse fait tourner à sa guise. Evitez, mon ami, de vous adresser à cet être nul, à cette machine vivante; paroles perdues, vaines démarches dont, pour vous et votre amour, les résultats seraient néant..

— Il n'est donc plus aucun espoir pour moi, et dans les bras d'un autre, suis-je donc condamné à voir passer celle que j'aime ?

— Cela dépend de vous, de votre volonté, mon cher, répond de Rinville.

— De grâce ! expliquez-vous, est-il encore un moyen d'espérer ? demande Charles avec feu.

— Oui, si, adroit et entreprenant, vous voulez suivre mes conseils.

— Pouvez-vous en douter, ah ! parlez, parlez vîte !

— Relevez donc votre cornette et écoutez moi, sachez d'abord que pour ce soir, entre onze heures et minuit, je vous ai ménagé dans le jardin de la maison Bernard, un joli et secret rendez-vous avec votre tendre Lucia.

— Oh ! bonheur, interrompt Charles avec ivresse.

— Sachez donc mettre cet heureux instant à profit.

— De quelle manière ?

— Oh ! la sotte question, pour un homme à bonne fortune, répond en riant avec ironie le capitaine.

— Encore, expliquez-vous.

— Parbleu ! en séduisant tout-à-fait la jeune personne, en la fascinant au point qu'elle consente à fuir et venir achever la nuit chez vous.

— Lucia n'y consentira jamais.

— Et moi je pense le contraire, si vous êtes adroit.

— Sa vertu se révoltera envers une semblable proposition.

— Vous ne lui en donnerez pas le temps.

— Faudra-t-il donc user de violence ?

— Seulement d'une demie; enfin il faut que ce projet s'exécute, plus encore, que la jolie fille, une fois en votre chambre, se hâte d'informer sa famille par une lettre fort respectueuse, de son séjour chez vous, où selon son dire, elle se sera rendue sans conseil et de son plein gré, afin d'échapper à la tyrannie d'une mère sans pitié pour son amour. Plus encore, une seconde lettre adressée à M. Morisson, dans laquelle Lucia instruira de même ce premier de son escapade et de sa ferme résolution de ne jamais lui appartenir. Vous pensez alors, mon cher Charles, qu'après un pareil esclandre de la part de notre jeune fille, la famille Bernard ne pourra faire autrement que de consentir au mariage désiré et auquel aura renoncé, sans nul doute, ce cher M. Morisson.

—Oui, ce moyen est infaillible, mais combien, avec une fille aussi timide que Lucia, l'exécution en est difficile.

— Pas le moins du monde, les femmes sont si faibles, quand elles aiment ; et Lucia est de ce nombre.

— C'est vrai, mais je doute que chez elle, l'amour fasse assez oublier le devoir pour l'engager à me suivre.

— Enlevez-la, alors, et faites votre bonheur et le sien par ce coup hardi et décisif.

— Un rapt! exclame Charles.

— Quel danger, si personne n'ose porter plaintes ? Au surplus, les choses, je pense, peuvent se passer sans nulle violence, car j'augure que la jeune fille qui déjà a consentie à accorder au confident de ses amours et de son amant, des rendez-vous nocturnes, pourra bien pousser la complaisance jusqu'à suivre celui pour qui elle s'est plus d'à moitié compromise. Du courage donc! ajoute de Rinville, voyez ce soir cette belle enfant, et en sûreté près d'elle, sous le manteau de la nuit, employez pour la séduire toute la rhétorique de l'amour et du plaisir; suppliez, pressez, conjurez, étourdissez par mille sermens, mille caresses, alors, pour peu qu'elle sente, chose dont je suis loin de douter, craintes puériles, système, chimère seront escaladés, et profitant de ce moment propice enlevez la belle dans vos bras, pour courir la déposer dans la voiture que vous aurez eu soin de faire tenir à quelque distance des murs du jardin et qui vous conduira tous deux d'un train de poste à votre petit appartement de Paris.

— Allons donc! puisqu'il le faut, s'écrie Charles, oüi, que la séduction, le rapt, m'assurent la possession de celle qui m'est aussi chère que la vie.

— Il est heureux enfin que vous vous décidiez; n'oubliez donc pas que c'est à onze heures qu'il faudra vous rendre sans bruit dans ledit jardin, dont voici la clé de la petite porte, et surtout, point de faiblesse; songez que demain matin, me présentant comme d'habitude chez les Bernard, je dois y trouver Lucia absente et toute la famille sans dessus dessous; il serait même très important que la lettre, qu'écrira votre maîtresse à sa mère, arrivât en ma présence, afin que je puisse, plus tard, vous rendre compte de l'effet qu'elle aura produite. Souvenez-vous aussi que je serai chez ces bonnes gens de dix heures du matin à deux de l'après-midi. Maintenant que cette affaire est convenue et entendue, qu'en cet instant, nulle occupation ne réclame votre présence à la manufacture, voyons à assommer le plus gaîment possible le temps qui reste à s'écouler jusqu'au moment de votre rendez-vous avec Lucia, et commençons par aller dîner ensemble.

Charles accepte la proposition, et tous deux se dirigent vers le boulevard, dont ils étaient peu éloignés, leur entretien venant d'avoir lieu rue de la Madeleine où se trouvait situé le petit appartement occupé par le jeune homme, celui enfin indiqué par de Rinville pour recevoir Lucia, lors de sa fuite du toit paternel.

— A propos, mon cher Charles, vous ai-je parlé de la rencontre que je fis hier, demande le capitaine, chemin fesant.

— Non, laquelle, s'il vous plaît.

— Celle d'une femme charmante d'une de vos connaissances, dont la mise élégante, le minois adorable ont failli me faire tourner la tête.

— Mais encore, le nom de cette merveille? fait entendre Charles avec impatience.

— Parbleu! une de vos anciennes victimes, mauvais sujet, la jeune et spirituelle Lolotte.

— En vérité! fait Charles avec émotion.

— Elle-même, dont le joli minois a fait fortune, Lolotte devenue la maîtresse d'un des vieux maréchaux de France de notre époque, le même que le hasard plaça un soir dans la même loge qu'elle au grand opéra, peu de temps après son bannissement de la maison Bernard.

— Pauvre fille! soupire Charles.

— Pauvre fille! pourquoi donc cette épithète à la femme la plus élégante et la plus heureuse de tout Paris, ainsi qu'elle s'est qualifié en ma présence.

— Parce que c'est moi qui l'ai perdue, fait chasser de la demeure de ses bienfaiteurs.

— Ce dont, mon cher, elle vous conserve sans doute la plus grande reconnaissance;

oui, la petite s'ennuyait chez les bonnes gens, où demoiselle en sous-ordre, elle ployait sous les caprices de votre jolie Lucia, tandis que maintenant, libre, heureuse et riche des bienfaits de son vieil amant, elle mène une vie toute de jouissances et de bonheur.

— L'infortunée! à quel prix?..

— D'un peu de complaisance! oh! la voilà tout-à-fait classée dans nos Phrinées les plus à la mode, et la petite ira loin. Sachez donc aussi, mon cher, qu'il ne tiendrait vraiment qu'à vous d'ajouter un titre de plus à ceux du vieux maréchal, car Lolotte, malgré vos prétendus torts envers elle, vous aime encore à la folie, m'a-t-elle fait comprendre en s'informant de vous, en me donnant sa demeure, en me priant de vous la communiquer.

— Merci! je vous dispense de ce soin; car tout entier à ma Lucia, mon cœur ne peut admettre deux amours, répond Charles.

— Aussi, ne vous engageai-je point à revoir cette jeune fille, mais bien à vous affermir dans vos projets de ce soir, à triompher, par votre adresse, des scrupules de votre belle, à vous assurer, enfin, sa précieuse possession.

— Ah! mon cher et bon de Rinville, que de reconnaissance ne vous dois-je pas, pour le sincère intérêt que vous prenez à mon bonheur.

— Point de remercîment; plus tard, plus tard, mon cher, enfin, lorsque j'aurai accompli la tâche que je me suis imposée envers vous.

— Celle de ma parfaite félicité, n'est-ce pas, ami généreux? dit Charles en pressant affectueusement la main du capitaine, qui, l'ironie dans les yeux, se disposait à répondre lorsqu'ils furent tous deux accostés par Briolet.

— Eh! bonjour, les chers amis! quelle heureuse rencontre! Où vont donc ainsi Oreste et Pylade? dit le jeune homme d'un air franc et joyeux.

— Dîner au café de Paris, où, si tu veux

être des. nôtres, tu seras le bienvenu, répond Charles.

— Soit! je n'ai jamais su résister à une politesse offerte par un intime; marchons donc et nargue ce jour à mon restaurant à trente-deux sous par tête où je me rendais en ce moment, dit Briolet en passant aussitôt son bras sous celui de M. de Rinville.

— Ha çà, mon cher Briolet, quand donc satisfaites-vous cette soif brûlante du mariage que vous témoignez sans cesse? s'informe le capitaine.

— Ah! ne m'en parlez pas, je suis le jeune homme le plus enguignoné qu'il soit possible de rencontrer de Paris à Pekin; sachez qu'hier s'est rompu entièrement mon trente-troisième projet d'union.

— Oh! oh! voilà qui est fâcheux! fait Charles en souriant.

— Mais la raison de cette rupture? demande de Rinville.

— Je me suis aperçu que ladite veuve que je convoitais en légitime mariage, ne réunissait pas toutes les qualités requises par moi ; enfin, que la traîtresse me trichait de deux enfans qu'elle tient cachés en province, dans sa famille, et qu'en compensation, elle m'annonçait dix mille francs de rente de plus qu'elle ne possède réellement.

— Quelle perfidie ! exclame Charles.

— N'est-ce pas ?

— Quelle singulière manie à votre âge, de ne vouloir pour femme que celle qui déjà a appartenu à un autre, observe le capitaine.

— J'aime l'argent, et n'étant ni assez riche, ni assez beau pour qu'une jolie fille consente, par le don de sa main et de sa dot, à satisfaire mon ambition, j'ai toujours pensé que les veuves, moins exigeantes, rempliraient le but de mes désirs, ce qui fait que depuis cinq ans je me faufile près d'elles ; à la vérité, sans avoir pu rencontrer jusqu'alors celle qui doit fixer mon humeur volage.

— Quels sont donc les défauts qui jusqu'alors vous ont éloigné de ces dames? demande de Rinville.

— Hum! de très graves, répond Briolet; chez les unes d'abord le manque de fortune solide, chez les autres la trop grande fécondité, quelquefois le physique, un caractère trop dominateur, lorsque j'exige un agneau paisible et soumis.

— Allons, je vois que tu veux une perfection., l'impossible enfin! alors, mon pauvre garçon, tu risques bien de mourir célibataire.

— Oh! que non, à force de chercher il faudra bien que je découvre la femme selon mon cœur.

— Dis plutôt, selon ton ambition.

— Comme tu voudras, mon cher Charles, ah! une seule, quoique fille, aurait pu m'éviter ces recherches et tribulations, Lucia, ma belle cousine Lucia, mais la petite sotte a rejeté mon hommage et payé l'offre de ma main du sourire de l'ironie et du dédain, dit Briolet en soupirant.

— C'est mal, très mal! fait de Rinville

en riant ; sans doute , ajoute-t-il, pour offrir à un autre cet objet de votre convoitise ? . . . .

— Certainement, pour le donner à toi, heureux Charles ; je devrais t'en vouloir, te détester comme un odieux rival, mais le moyen de garder rancune à un homme qui vous comble de politesse et vous invite à dîner au café de Paris ?

Six heures, nos trois personnages, après un excellent dîner, sortent de table, et comme Briolet apprend de Charles que, cette fois, le spectacle ne terminera pas la soirée, en ce qu'une affaire importante le réclame ainsi que de Rinville en d'autres lieux, Briolet donc s'empresse de prendre congé de ses amphytrions et de se diriger où le souvenir d'un rendez-vous l'appelle. C'est rue Montmartre et chez un agent matrimonial, à qui il s'est adressé en secret, lequel a promis, moyennant une commission, de lui procurer une veuve selon ses désirs, que se rend en ce moment notre jeune homme.

Une maison d'une belle apparence, un appartement au second, assez richement meublé, un vaste salon où est introduit Briolet, où après quelques instans d'attente vient le trouver M. Desacord, l'agent matrimonial, petit homme à bésicles, au regard vif et malin, à la parole brève, la tête couverte d'un riche bonnet de velours violet et le corps enfermé dans une élégante robe de chambre moyen-âge.

— Ah! soyez le bien-venu, mon cher monsieur Briolet, d'après votre promesse je vous attendais avec impatience, car, déjà trois riches veuves auxquelles je me suis empressé de parler de vous, vous attendent dans mes appartemens.

— Superbe! oh! vous êtes un homme exact, à qui je suis enchanté de m'être adressé, répond Briolet à l'agent.

— C'est le meilleur parti, mon cher monsieur, que vous ayez pu prendre ; car, en me confiant le soin de vous trouver la femme à qui vous êtes envieux d'unir votre destinée, vous vous évitez des fatigues inutiles, ainsi que le danger de devenir la dupe de quelqu'intrigantes comme il y en a tant.

— Ce qui est fort important d'éviter, comme vous le dites, et ce à quoi je suis parfaitement certain d'échapper, en m'adressant à une personne aussi distinguée que vous, mon cher monsieur Desacord, ce qui fait que je revère infiniment les petites affiches, qui, en m'indiquant votre demeure, m'ont procuré l'avantage de votre connaissance ; ah ça, ajoute le jeune homme, quelles sont ces aimables veuves, qui, dites-vous, m'attendent avec tant d'impatience dans vos appartemens ?

— Des femmes de la dernière distinction, madame de Blancmont, veuve d'un riche capitaliste, physique romantique, beaux traits un peu pâles, vingt-six ans, trente mille francs de rente, et mère d'une jeune personne de dix-neuf ans.

— Mon cher Desacord, voilà la femme qu'il me faut, s'écrie Briolet avec enthousiasme.

— La seconde, continue froidement le petit homme, est madame la baronne de Miaula, âgée de trente-trois ans, d'un caractère charmant, sans enfant, et propriétaire de plusieurs grands domaines.

— Parfait! cela surpasse mes espérances, c'est celle-là que je préfère! interrompt le jeune homme.

— La troisième, madame Poivrier, veuve d'un armateur du Hâvre, vingt-huit ans, figure intéressante, se disant presque vierge encore, grâce à l'obésité gênante du défunt; les navires de cette dame couvrent les mers de notre globe, ce qui annonce une fortune de plusieurs millions.

— Oh! mieux encore, c'est-elle que je veux, que j'adore, qu'il me faut enfin.

— Vous êtes libre de choisir, mon cher monsieur; mais avant, veuillez écouter et connaître le prix que j'attache à la main de chacune de ces femmes précieuses, dont deux déjà me sont, pour ainsi dire, retenues par des agens de change.

— Parlez, parlez! s'écrie Briolet avec empressement.

— Vu, l'excellence du parti, je ne puis donc vous lâcher la femme du capitaliste, à moins de vingt mille francs payables le jour de la signature du contrat, le billet fait d'avance. Quant à la baronne, véritable puits d'or, c'est trente mille francs qu'il me faut, et pour la veuve de l'armateur, pas un sou à moins de quarante mille.

— Hum! voilà de terribles exigences, fait le jeune homme en se pinçant les lèvres.

— Que voulez-vous, mon cher, les riches veuves sont hors de prix, vu la grande disette.

— Enfin, puisqu'il faut en passer par où bon vous semble, je consens aux conditions imposées, veuillez donc me présenter à ces dames.

— Volontiers, commençons par madame Blancmont, qui, depuis une heure, attend dans cette pièce voisine, et à qui je vais vous présenter. Surtout des égards, jeune homme, et n'allez pas intimider ces dames, par des regards trop hardis.

— Soyez sans crainte. Alors une porte s'ouvre, et Briolet, introduit par l'agent dans un petit salon, s'empresse de saluer une femme, qui, assise sur un divan, se hâte, à la vue du jeune homme, de se couvrir la figure de son éventail. La mise de la dame est des plus coquette et fort riche, ce qui séduit Briolet, et lui fait bien augurer des moyens de la veuve.

C'est M. Briolet, jeune homme rempli d'excellentes qualités, et duquel je vous ai entretenu hier, belle dame, dit M. Desacord.

— Ah! ah! murmure la dame en saluant de la tête et lorgnant le prétendant à travers les bâtons de son éventail.

— Comme je vous le disais, madame, ce jeune homme, du caractère le plus doux, désire unir son sort à celui d'une aimable veuve dont il deviendrait l'ami et le protecteur.

— Ah! ah! fait une seconde fois la dame, en découvrant le côté gauche de son visage, échantillon dont l'aperçu commence à effrayer Briolet.

— Madame de Blancmont, dont les intentions sont de convoler en de secondes noces, assurerait, j'en suis certain, son bonheur, si, sensible à l'hommage de mon jeune protégé, elle daignait lui faire savoir que son physique ne lui est pas indifférent.

—Mais une femme honnête peut-elle de prime à bord, sans connaître les gens, faire un tel aveu ?... répond enfin la dame en minaudant, et laissant entièrement tomber son éventail.

Alors, Briolet, à la vue de cette grande figure sèche, pâle, ridée et borgne de l'œil gauche, recule d'horreur et s'échappe de la chambre, jusqu'au salon où vient aussitôt le rejoindre M. Desacord.

— Aviez-vous donc juré, mon cher, de me faire mourir de frayeur, en me présentant un tel monstre.

—Mon cher monsieur, ce monstre a de l'argent plus qu'il n'en faut pour couvrir ses imperfections.

— C'est possible, mais pas assez pour payer le dégoût que m'inspire sa laideur.

— Alors, n'en parlons plus et rendons-nous près de la baronne.

— Un moment! dites-moi d'abord si celles qui me restent à voir sont de la même espèce que la première, dit Briolet en s'arrêtant tout court.

— Non, c'est beaucoup mieux.

— Il fallait donc commencer par là.

— J'en conviens, mais vous savez qu'il est d'usage dans tout commerce de chercher à se débarrasser d'abord de la marchandise la plus défectueuse.

— Merci de la précaution, mon cher, et voyons votre baronne.

— Volontiers, du moment que vous m'aurez compté cent francs en espèces pour mes premiers frais, reprend l'agent en tendant la main.

— Cent francs! plaisantez-vous, s'écrie Briolet.

— Nullement! mais comme je vous soupçonne on ne peut plus difficile, mon cher, je crains d'en être avec vous, pour mes pas et démarches.

— Difficile, d'accord, lorsque pour épouse vous me présentez le type de l'imperfection.

— Fort juste; mais comme les goûts diffèrent, que ce qui paraît charmant aux uns, semble ordinaire aux autres, que ma baronne et la veuve de mon armateur, quoi qu'étant des modèles de grâce et de gentillesse, pourraient fort bien ne pas encore vous convenir, il est donc juste que la modique avance que j'exige de vous, me dédommage de mes peines.

Briolet, fort avare de son naturel, hésite, réfléchit long-temps avant de se rendre à l'invitation de M. Desacord ; mais stimulé par ce dernier qui ne cesse de lui énumérer longuement les charmes et la grande fortune de ses deux veuves; Briolet donc, séduit et craignant, s'il ne s'exécute, de perdre l'occasion de s'assurer une épouse belle et fortunée, lâche les cent francs exigés, et cela fait, il suit quelques minutes après M. Desacord dans la seconde pièce où depuis près de deux heures l'attendait la complaisante baronne qui, jetant sur une table le livre qu'elle tient à la main, s'avance à la rencontre des visiteurs, en faisant force révérences tout en tenant un petit chien dans ses bras. Cette femme, à la première vue, fait à Briolet l'effet d'une grosse boule, tant elle lui paraît petite et large; du reste, le visage de la dame est assez passable, des petits yeux, mais expressifs et même trop éveillés; une grande bouche et de belles dents, d'assez beaux cheveux blonds et le teint d'une grande fraîcheur; quant aux trente-trois ans annoncés, le compte y est pour certain, si même quelques douzaines de mois n'en complètent pas la mesure.

— Allons donc! messieurs, que vous vous faites attendre, dit la dame d'un ton assez cavalier en saisissant Briolet par le bras, et l'examinant de la tête aux pieds en le faisant tourner comme un tonton.

— Ah ça, voilà donc le petit homme en

question? ajoute la dame en continuant son examen.

— Monsieur Briolet, oui, madame, que je vous présente en qualité d'aspirant à votre main.

— Hum! c'est un peu fluet et bien étroit de la poitrine, reprend la dame en palpant l'estomac et les épaules de Briolet qui, interdit par l'originalité de la baronne de Miaula, ne peut trouver une parole.

— Ce jeune homme est aussi sain de corps que d'esprit, et au caractère le plus charmant, à la douceur la plus parfaite, joint un grand fond de complaisance et de fidélité, fait entendre monsieur Desacord.

— Est-il bien vrai, jeune homme, que vous possédiez toutes ces aimables qualités. Soyez franc et surtout n'essayez pas de me tromper.

— Certainement, madame, que...

— C'est bien! je devine à votre embarras, que vous êtes timide, respectueux; cela me convient. Ainsi donc, vous désirez vous unir à moi par les liens de l'hyménée, cela se peut, mais avant, voilà qui je suis et telles sont mes conditions; je me nomme Véronique-Prudence-Colombello de Bridoison, veuve en troisièmes noces du baron de Miaula, je possède un revenu de cinquante mille francs, et passe ma vie dans une de mes terres située en Poitou. En me mariant, j'exige que celui à qui j'unirais de nouveau mon sort, que je consens à prendre sans fortune afin de mieux m'assurer sa soumission, je veux, dis-je, que mon époux m'accompagne en tous lieux, qu'il n'adresse jamais une parole, ni un regard à une autre femme que moi, sous peine de se faire arracher les yeux; mon sensible cœur ne pouvant supporter l'ombre d'une infidélité; je veux, quoi qu'étant aimée de lui à la fureur, que jamais il ne m'embrasse en la présence de Bichon, mon petit chien, afin de ne point contrarier ce charmant animal qui n'a jamais pu souffrir qu'on me fit une caresse devant lui; je veux que mon époux, prévenant et respectueux dans la journée, partage ma couche chaque nuit et qu'il y soit d'une tendresse énivrante, infatigable. Plus, que jamais il ne se mêle de mes affaires, ne contrarie mes volontés, qu'il ait des égards pour mon cuisinier et mon frotteur, deux hommes superbes qui font l'ornement de ma maison, et auxquels je tiens particulièrement; plus, que voulant user des droits d'un mari, il se garde de venir interrompre les conférences secrètes dont m'honore souvent mon directeur, saint homme et vicaire de ma paroisse. Quant à ce qui concerne les intérêts, inutile de dire que je repousse la communauté des biens, désirant être maîtresse du mien afin d'en disposer à ma guise et en faveur de ceux qui, envers moi, se seront conduit avec respect, soumission et amour.

— Ah! ah! rien que tout cela, ma belle dame, fait Briolet en poussant un profond soupir.

— Mais, je trouve madame on ne peut plus raisonnable, et sa franchise fait l'éloge de son caractère où la bonté perce malgré tout, dit monsieur Desacord d'un air mielleux.

— Oh! certainement, et si madame consentait à réformer seulement un petit article, il me semble qu'il y aurait moyen de s'entendre, dit Briolet.

— Expliquez-vous, et s'il n'est pas par trop important, peut-être en votre faveur, mon cher, pourrais-je le mitiger un peu.

— Eh bien! chère baronne, c'est celui qui vous crée maîtresse dans le ménage, celui enfin qui vous donnerait le droit de m'empêcher de quitter les yeux de la terre sous peine de me les voir arracher; plus, de jeter votre roquet par la fenêtre lorsqu'il ferait le méchant avec moi; plus, de chasser vos valets quand bon me semblerait, et de rosser votre vicaire lorsque je trouverai ce tartuffe enfermé avec vous.

— Monsieur!!! fait la baronne indignée, en levant la tête avec fierté et balançant avec majesté les plumes de son chapeau.

— Oui, belle dame, oui, je demande l'abolition d'un article qui vous rend maîtresse de ruiner un époux, long-temps victime de vos caprices, pour enrichir votre confesseur, vos valets à larges épaules et sans doute votre bichon.

— Monsieur Desacord, mais c'est un polisson que vous m'avez présenté en cet homme, s'écrie la baronne hors d'elle et marchant à grand pas dans la chambre.

— Mon cher agent, c'est d'une folle, d'une extravagante dont vous cherchiez à m'affubler dans la personne de cette femme, riposte Briolet.

— Chut! chut! silence, pas de bruit, je vous proteste que la troisième fera parfaitement votre affaire, répond tout bas monsieur Desacord, au jeune homme, en essayant à calmer son dépit.

—Allons, voyons-la et dépêchons, car je commence furieusement à me lasser des futures par procuration, fait entendre Briolet à voix haute.

— Passez donc, mon cher, dans la pièce à gauche en sortant du salon, frappez à la porte et on vous ouvrira; allez, tandis que je vais m'empresser de congédier cette femme, murmure de nouveau l'agent à voix basse. Briolet s'éloigne donc en jetant un sourire moqueur à la baronne et s'empresse, quoique désenchanté, d'aller frapper à la porte indiquée, que vient lui ouvrir aussitôt une femme grande, sèche et au teint jaune, dont l'aspect effrayant le fait reculer de plusieurs pas, puis s'armant de courage :

— Madame Poivrier? demande notre jeune homme.

— Cé... cé... c'est moi, mo... monsieur, répond la dame en bégayant.

— Ah! c'est vous?...

— O... ou... oui, monsieur, qu... que y... y... y a-t-il pour... pour... votre ser... ser... servi.. ce.. ce?

—Seulement, madame, que monsieur Desacord m'a chargé de vous prévenir qu'il allait peu tarder à se rendre près de vous..,

Et cela dit, Briolet, salue une seconde fois, puis se sauve à toutes jambes, pour gagner la rue en maudissant les agences matrimoniales, et jurant qu'on ne l'y ratrapperait plus...

Huit heures et demie. Il est donc trop de bonne heure pour rentrer au logis, ce qui fait qu'en se promenant sur le boulevard, Briolet cherche dans sa tête un endroit où il pourrait aller terminer la soirée et trouver quelque antidote contre sa mauvaise humeur.

— Au spectacle? non, il y fait trop chaud. Au concert? il faut payer. Ah! chez Lolotte; il y a fort long-temps que je ne lui ai fait visite.

Et cela décidé, Briolet se dirige vers la rue de la Chaussée-d'Antin, qu'habite la jeune fille.

— Bonsoir, Lisa, ta gracieuse maîtresse est-elle visible? demandait le jeune homme quelques instans après à une femme de chambre qui venait de lui ouvrir la porte d'un riche appartement.

— Entrez, monsieur, Madame est seule ce soir.

Et Briolet, introduit dans un charmant

boudoir, répond au sourire dont le gratifie, à son entrée, une jeune et jolie fille couchée moelleusement sur un délicieux sopha.

— Bonsoir, Lolotte.

— Sois le bien-venu, Briolet; jamais tu n'arrivas si à propos pour me distraire; car, abandonnée ce soir par tous mes adorateurs, je meurs d'ennui. Voyons, quelles nouvelles m'apportes-tu? Celles de la famille, d'abord.

— De laquelle?

— Celle des Bernard, que je ne puis oublier, malgré sa sévérité à mon égard. Mais assieds-toi près de moi et causons, termine Lolotte, en indiquant au jeune homme un petit coussin placé au bas du sopha, et sur lequel il se trouve bientôt assis, le coude appuyé légèrement sur les genoux de la jeune fille, et le visage près du sien.

— Il me semble, ma douce Lolotte, qu'avant de répondre à ta demande, je ferai bien d'abord de t'entretenir un peu de la passion violente que j'endure pour toi depuis si long-temps.

— Oh! jé t'en prie, Briolet, dispense-moi de tes extravagances, et parlons sérieusement, dis-moi si, depuis que je ne t'ai vu, tu as entendu les Bernard parler de moi, accorder enfin un souvenir à la pauvre fille qu'ils ont chassée si impitoyablement.

— Oui, oui, très souvent même : tantante Bernard, rancunière renforcée, qui ne peut venir à bout de te pardonner ton escapade avec Charles. Franchement, Lolotte, tu fis une grande sottise alors, de donner ton cœur à un homme qui ne t'aimait pas, lorsque moi, ton ami d'enfance aussi, qui brûlais et brûle encore pour toi de l'amour le plus vif, tu me dédaignas inhumainement.

— Que veux-tu? mon cher ami, l'amour est comme la fièvre ; il naît et s'éteint sans que la volonté y ait la moindre part.

— Comme il t'a trompé, ce Charles, une si jolie femme que toi, aussi gracieuse, aussi mignonne ; la délaisser, l'abandonner après avoir causé sa perte et l'avoir fait bannir de la maison de ses bienfaiteurs.

— Hélas ! Charles, lorsqu'il me jurait un amour éternel ; était aussi faux que toi, mon cher Briolet, que toi, qui, par habitude, dis à chaque femme que tu l'adores.

— Ah çà! il est vrai que je suis indigne pour cela ; mais qu'importe, pourvu que je sois sincère avec une seule, et que celle-là ne soit autre que toi ?

— Non, c'est mal, très mal, monsieur, car il est cruel, lâche à un homme, de tromper une pauvre femme, de la perdre, de vouer son avenir à la honte, au vice peut-être, afin de satisfaire un caprice passager.

— Bah ! pour une faiblesse, une femme n'est pas perdue.

— Oui, lorsqu'il y a de l'honneur, de l'amour véritable, chez le premier amant à qui elle se donne ; car, du premier amour d'une femme dépend toujours son avenir.

En prononçant ces derniers mots, le joli visage de la jeune fille s'était couvert d'une teinte de tristesse et de dépit.

— Ma foi, je doute que celui que t'a légué l'indifférence de Charles ne soit préférable à celui que te réservait la tendresse économe de la tante Bernard. Réfléchis, Lolotte, à la douce liberté dont tu jouis maintenant, à ces hommages dont t'entoure sans cesse une foule de jeunes et beaux adorateurs; admire ces riches dentelles qui parent en cet instant ton coquet négligé, puis ces meubles luxueux, toutes ces richesses que tu possèdes et qui t'entourent; ensuite, dis-moi si tout cela n'est pas préférable à cette existence captive et monotone que tu passais, sans cesse aux côtés de la chère tante; à cette toilette mesquine que tu tenais de sa bienfaisance, à ta petite chambre du troisième étage, meublée si simplement, et ne contenant que le plus strict nécessaire? Puis avoue, ma chère, continue Briolet, qu'il est fort agréable d'être la maîtresse de ses actions et de mener un train de princesse.

—Comme je fais, n'est-ce pas? Mais combien, hélas! me coûtent cher cette fausse liberté et ce luxe imposteur! répond Lolotte avec feu.

— Dam! d'un peu de complaisance, de tendresse.

— Dis de la contrainte, du dégoût, en me faisant l'esclave d'un homme que je déteste, parce qu'il paie pour être aimé, parce qu'il achète mes caresses. Oh! si tu savais, Briolet, combien il est cruel, lorsque l'on n'aime pas, d'être condamné à feindre ce sentiment, de ne plus s'appartenir enfin, et d'entretenir sans cesse, le sourire sur les lèvres, quand souvent le désespoir est au fond du cœur. Ah! Charles, Charles, pourquoi m'as-tu trompée et réduite à cet état abject?

— Ah ça! mais, ma bonne Lolotte, il me semble que j'étais venu ici, près de toi, pour passer une gaie soirée, et je m'aperçois que tu me fais du drame à n'en plus finir. Allons donc! ma toute belle, du courage et de la philosophie! Au diable, les soucis, les regrets!

— Ma foi, tu as raison, Briolet; je n'étais que séduite, égarée, on m'a jugée indigne de pitié et de pardon; je me suis vu chassée, sans asile, sans ami, sans pain, et alors j'ai beaucoup péché; à qui la faute? A ceux qui, croyant toutes vertus éteintes en moi, au lieu de me tendre une main secourable, lorsque je n'étais qu'au bord de l'abîme, m'y ont précipitée. Plus de larmes, donc! et qu'un flacon de champagne ranime la gaîté dans nos cœurs!

Cela dit, Lolotte sonna sa femme de chambre et demanda la liqueur consolatrice, qui bientôt pétilla dans le cristal.

— A ta santé, Lolotte!

— A la tienne, compagnon de ma jeunesse!

Et les verres se vident.

— Maintenant, reprend la jeune femme, que je viens de cuirasser mon cœur contre toutes émotions chagrines, voyons, raconte-moi ce qui se passe dans la famille : y parle-t-on du mariage de Charles et de Lucia ; ces deux amans s'aiment-ils toujours avec ardeur ?...

— Hum ! ça se gâte, ma chère.

— En vérité ?

— En vérité ! oh ! la tante en veut à mort à Charles, pour ce qui s'est passé entre toi et lui. On l'accueille encore cependant, mais froidement ; et cela ne m'étonnerait nullement, qu'on lui fermât un jour la porte sur le nez.

— Pauvre garçon ! soupire Lolotte.

— Quoi, tu le plains après sa conduite à ton égard ?

— Ah ! c'est qu'il est si pénible de perdre ce qu'on aime ! Hélas ! j'ai passé par là, moi ; et depuis deux ans la plaie de mon cœur saigne encore !... Mais, que pense Lucia de la disgrâce de Charles ?

— La chère enfant espère encore et soupire en cachette ; mais c'est en vain, car je suis persuadé que Charles est perdu pour elle, et qu'elle deviendra madame Morisson.

— Quel est ce nom ?

— Celui d'un riche, beau et sage jeune homme, dont la tante Bernard raffole, et qui., admis depuis six semaines dans la maison, courtise la petite cousine.

— En effet, je me rappelle que, lors de la dernière visite qu'il me fit, le capitaine de Rinville me parla de ce monsieur Morisson, dont il vanta les qualités.

— Ah! ah! il vient donc toujours te voir, le capitaine?

— Quelquefois, rarement.

— Afin de te courtiser, n'est-ce pas?

— Tu te trompes, Briolet; car le capitaine, loin de me parler de lui, plaide continuellement près de moi en faveur de Charles, et cherche à me persuader qu'il m'aime encore, que l'intérêt seul lui fait souhaiter une union avec Lucia.

— Mais c'est fort maladroit, ce qu'il te conte là; détrompe-toi, Lolotte, car Charles est amoureux fou de ma cousine, et si ma tante s'obstine à la lui refuser, je te prédis que le jeune homme fera un coup de tête. A ta santé, Lolotte; ton champagne est divin.

Et la jeune femme, sortant de la rêverie où elle venait de tomber, toqua son verre contre celui de Briolet.

— Ah ! tous ces chagrins de droite et de gauche ne seraient point arrivés, je le répète, si tu m'avais aimé, moi, un modèle de fidélité; tu serais à présent mon amante, mon épouse chérie; tel était mon vœu le plus cher, celui de ma tante, enfin.

— Bah! tu ne vaux pas mieux que les autres, toi; peut-être moins encore, car ton cœur d'hôpital s'ouvre pour tout le monde, répond Lolotte, en repoussant de ses mains blanchettes la tête de Briolet, par trop penchée sur elle.

— Excès de sensibilité, ma mignonne; oui, c'est plus fort que moi; je me crois obligé d'adorer tout ce qui est femme et jolie.

— A propos, le capitaine m'a parlé aussi de certaine veuve que tu courtises de près.

— Laquelle?...

— Une madame Daurville.

— Oh! finit, finit! une femme infâme, une traîtresse, mère de trois horribles enfans qu'elle fesait passer pour être ses neveux, et cela dans le but de m'attraper.

En ce moment l'entretien fut interrompu par la chambrière, qui venait annoncer la visite de madame Saint-Léger.

— Qu'est-ce que cette dame? demande Briolet avec impatience.

— Une femme selon ton goût, une jolie et riche veuve.

— Lolotte, chère Lolotte, lance-moi, je t'en supplie! fait le jeune homme avec feu; mais la présence de la dame vint retenir la réponse sur les lèvres souriantes de Lolotte.

CHAPITRE IV.

UNE PORTE FERMÉE.

Onze heures sonnaient à l'église de Passy; la nuit était obscure. Charles, arrivé sous les murs de la propriété de M. Bernard, en atteint la petite porte, l'ouvre, et se glisse dans le jardin, où, au fait des êtres, il longe sans bruit une charmille, qui le conduit à la pelouse qui fait face à la maison. Tout dort, un silence absolu règne partout; point de lumière autre que dans la chambre de Lucia, située au premier.

— Elle va venir, sans doute, attendons.

Et cela dit, Charles s'asseoit sur un banc situé en face la croisée de sa bien-aimée. Minuit, Lucia n'a point encore paru. Elle veille cependant, car le jeune homme a plusieurs fois aperçu son ombre glisser sur le rideau. Encore une demie, et personne. Charles est au désespoir.

— Hélas! aurait-elle cédé aux volontés de sa mère, se refuserait-elle à le voir, l'abandonnerait-elle pour jamais?

Et cela pensant, l'amant qui se désespérait, monte sur le banc, d'où son œil cherche à pénétrer dans le sanctuaire de la divinité. Un treillage garnit la muraille; il s'élève jusqu'à la fenêtre de Lucia: Charles l'aperçoit, hésite; puis, s'armant de résolution, des pieds et des mains il 'élève rapidement, atteint la croisée, appuie son oreille sur la vitre, écoute et n'entend aucun bruit.

— Elle sommeille peut-être ?

Puis il frappe doucement. Rien ne répond. Charles pousse la fenêtre, elle cède et s'ouvre; l'amant est dans la chambre. En effet, elle dormait et dort encore, assise sur une chaise, le coude appuyé sur une table. Charles tombe aux genoux de Lucia, lui prend doucement la main, qu'il baise avec transport. Elle s'éveille, laisse échapper un cri d'effroi; puis, reconnaissant le coupable, elle se rassure, mais verse des torrens de larmes, sans avoir encore la force de prononcer une parole, tant est forte son émotion.

— C'est moi, ma Lucia; reconnais ton amant, ton époux, celui qu'une mère barbare veut éloigner de toi; Charles, enfin, qui t'aime, t'adore et ne peut vivre sans ta possession.

— Oh ! ciel, comment êtes-vous entré ici ? Ah ! si ma mère vous y trouvait, je serais perdue ! s'écrie Lucia en donnant les symptômes de la plus grande frayeur.

— Ne crains rien, mon amie, tout repose en ces lieux; calme ta frayeur et daigne écouter l'amant fidèle et tendre qui a tout bravé pour se rapprocher de celle qu'on cherche à lui ravir.

— Charles, ne restez pas ici; éloignez-vous, mon ami, votre malheureuse Lucia vous en conjure.

— Non, non, je ne puis m'éloigner sans avoir avant entendu ta bouche gracieuse me rassurer sur ton amour et ta fidélité.

— Ah! jamais d'autre que toi, jamais! mais éloigne-toi.

Cela disant, la jeune fille, presque agenouillée devant son amant, le repoussait de ses mains délicates, que lui, prenait dans les siennes et couvrait de baisers.

— Non, il faut que tu m'entendes, Lucia; dis-moi, cruelle, pourquoi n'es-tu pas descendue cette nuit au jardin?

— Je n'avais rien promis, Charles, et puis je n'ai osé.

— Lucia, il est donc vrai que ta mère

me refuse ta main, qu'elle veut rompre tous les liens qui unissent nos deux cœurs? il est donc vrai que la cruelle me chasse de chez elle?

— Hélas! soupire Lucia en baissant ses yeux remplis de larmes.

— Et nous le souffririons, ma douce amie, courbant la tête sous sa volonté de fer; esclaves, jouets de ses caprices, nous serions condamnés à ne plus nous revoir; toi, à devenir l'épouse d'un autre que Charles, et moi à mourir d'amour, de douleur et de jalousie! Oh! non; armons-nous de courage, ma Lucia, que le sentiment qui nous anime soit plus fort que la volonté de nos tyrans.

— Mais que faire? soupire la jeune fille.

— Fuir ensemble, Lucia.

— Fuir ensemble, dis-tu! oh! jamais!

— Préfères-tu donc attendre qu'on nous sépare pour toujours, qu'on enchaîne ton sort à un autre?

— Non; mais attends, Charles, il est peut-être encore quelqu'espoir de fléchir ma mère.

— Oui; mais, seulement, le jour où, en sûreté chez celui que tu aimes, tu sauras la contraindre à faire le bonheur de son enfant.

— C'est impossible! Charles; acheter notre union à ce prix, serait la payer de la malédiction de ma famille.

— Enfant! pourquoi ces craintes? Eh! ta mère ne sera-t-elle point heureuse de pardonner? Viens donc; et une nuit, une nuit seule passée chez moi, nous assure un avenir de félicité.

— Chez toi, Charles! fait la jeune fille avec surprise et frayeur.

— Où je te laisserai seule, où tu seras respectée, où ton honneur, sous ma sauvegarde, ne courra aucun danger.

— Non, je ne puis, car une telle faute serait affreuse; jamais, jamais, te dis-je, ma mère ne me la pardonnerait! Tu ne sais donc pas, Charles, qu'elle ne voudrait plus me voir, qu'elle me chasserait de chez elle. Et mon père! lui qui m'aime tant, lui, si bon et si tendre pour sa Lucia, oh ! il en mourrait !

— Lui et ta mère pardonneraient, te dis-je, une faute légère dont le plus heureux hymen nous absoudrait tous deux.

—Charles, tu cherches à me tromper, va ! je connais trop ma mère pour espérer grâce et pitié de sa part, si jamais, je me rendais coupable de la faute où tu cherches à m'entraîner.

—Quoi, tu t'obstines à repousser le seul moyen qui nous reste; et dominée par une crainte puérile, tu consens à faire notre malheur commun. Adieu donc ! ô Lucia, adieu donc ! car plus de Charles pour toi, plus de bonheur pour lui, adieu et séparation éternelle.

Le jeune homme venait de prononcer ces derniers mots avec une telle tristesse et d'une voix si émue, que le cœur de Lucia en fut glacé de crainte et d'effroi ; alors, fixant sur lui un regard rempli de tendresse et l'enlaçant de ses bras.

— Oh ! mon ami, n'est-il donc pour nous,

nul moyen d'obtenir le bonheur sans cesser d'être vertueux ?

— Est-ce donc un crime, que je te propose? ma belle Lucia ; non, mais, un acte de confiance dans le plus tendre des amans, qui, en te possédant sous son toit, seulement quelques heures, respectera ta vertu, comme celle d'un ange.

—Oh ! ce n'est pas toi que je crains, mon Charles, mais ce monde, qui me jugerait coupable, déshonorée, pour t'avoir suivi un instant, ce monde qui me méprisera, me repoussera de son sein comme une femme perdue.

— Eh ! que nous fait ce monde, que nous importe l'opinion publique, surtout, lorsque comme moi, on la voit de près, avec ses lâches acharnemens et ses sales conjectures ? Ah ! ne me refuse donc pas davantage; viens, Lucia, profitons de cette nuit sombre, de ce silence, pour exécuter l'acte qui assure notre heureuse union.

En disant cela, Charles qui s'était levé du siége qu'il occupait essayait d'entraîner la jeune fille, mais elle, non consentante et effrayée, recule jusqu'au fond de la chambre, où Charles la poursuit les mains jointes.

—Non, non, ne l'espère pas; fuis, te dis-je et n'exige pas une action au-dessus de mes forces et de mon courage.

— Mais, cruelle! tu nous perds!

— Non, Charles, car il me reste encore une lueur d'espérance, celle d'attendrir ma mère.

— Chimère, qui nous sera fatale! répond Charles.

— Laisse-moi au moins le temps d'en essayer.

— J'y consens, avec regret, hélas! mais si elle reste sans pitié, si sa bouche t'ordonne encore de m'oublier, de renoncer à nos amours, promets-moi, Lucia, de te rendre à mes désirs, de fuir avec moi ce séjour.

— Je ne puis te le promettre, mais je te jure de mourir plutôt que de cesser de t'aimer.

Cela disant, la jolie fille laisse tomber sa tête sur la poitrine de son amant, qui la couvre de brûlantes caresses, puis enlace de ses bras une taille svelte, presse sur le sien un sein ravissant, et Lucia, énivrée par ces marques d'amour, s'y livre avec délire, se laisse entraîner sur les genoux de Charles, et là, sa bouche collée sur la sienne, lui murmure le plus tendre langage et les plus doux sermens. Charles, alors, en goûtant un bonheur digne des Dieux, en savourant l'amour sur des lèvres de roses, porte en même temps un souvenir sur les conseils du capitaine, se rappelle la recommandation qu'il lui a faite, de tout oser, de faire enfin que chez Lucia le cœur et les sens livrent le corps. Ah! s'il pouvait l'énivrer assez pour s'en rendre maître à ce point! Et cela pensé, le jeune homme redouble ses transports, anéantit l'esprit et les forces de la jeune fille; elle, molle dans les bras du séducteur, oublie le danger qui la menace, rend amour pour amour, caresses pour caresses, soupirs pour soupirs. Encore un degré d'audace, et Charles allait triompher, lorsque les aboiemens d'un gros chien retentissent avec force sous les fenêtres, jettent l'effroi dans l'âme de Lucia, ramènent sa raison et la font s'échapper des bras de son amant.

— Oh ! Charles, que faisions-nous là ? quel oubli, grand Dieu ?

— Chère Lucia, nous goûtions un instant de ce bonheur que ta mère veut nous ravir.

— Eloigne-toi, mon ami, le jour ne peut tarder à paraître ; fuis, car il ne faut pas qu'on s'aperçoive de ta présence ici.

— Fuir, le faut-il donc sans toi ?

— Oui, ma place n'est-elle point sous le toit de ma famille.

— Ah ! si tu voulais m'en croire, Lucia, elle serait bientôt sous celui de ton époux.

— Laisse-moi en parler aujourd'hui à ma mère.

— Consens alors que, ce soir, je revienne ici en chercher la nouvelle.

— Dans cette chambre ? oh ! non.

— Dans le jardin donc! tu y descendras, Lucia, n'est-il pas vrai.

— Ce sera encore bien mal de ma part.

— Non, puisque cela sera pour causer avec ton époux.

—A ce soir, alors, sous les tilleuls quelques instans seulement, afin de t'instruire de ce que m'aura dit ma mère, et rentrer aussitôt.

— Puisses-tu m'apporter espoir et bonheur!

— J'en ai le doux pressentiment. Trois heures! ajoute la jeune fille en fixant la pendule; éloigne-toi tout de suite, Charles, voilà le jour qui pointe déjà à travers ces rideaux.

— Adieu, Lucia, à ce soir.

—A ce soir, répond Lucia; puis le bruit d'un baiser, et Charles après être descendu dans le jardin par le petit escalier, s'éloigne aussitôt et regagne la voiture qui toute la nuit l'a attendue non loin de la maison.

Lucia, à travers ses vitraux, a suivi son

amant des yeux jusqu'à ce qu'il soit hors du jardin, dont, de sa fenêtre, elle aperçoit l'extrémité et la petite porte. Charles disparu, la jeune fille laisse échapper un soupir de son sein et commençe à se déshabiller afin d'essayer un instant de repos. Plus d'une heure d'attente, puis le sommeil enfin appesantit ses paupières, et la surprend dans ses pensées d'amour et d'hymen. Il y avait trois heures au plus que Lucia était couchée, lorsqu'un coup frappé sur sa porte, et la voix de sa mère l'arrachèrent au repos.

— Que peut-elle me vouloir aussi matin? pense la jeune fille en se jetant toute tremblante hors du lit et courant ouvrir.

— A cette heure ! maman.

— Oui, mon enfant, ayant à causer encore avec toi, j'ai pensé que, de grand matin personne ne viendrait nous interrompre, pas même ton père, qui, depuis long-temps déjà travaille à son jardin... Mais qu'as-tu, Lucia, tu parais toute tremblante, toute émue, est-ce que la présence de ta mère te causerait quelque peine, ajoute madame Bernard, après avoir fixé sa fille, et s'être aperçu de son malaise.

— Non, maman, non, je n'ai rien et suis heureuse de vous voir, répond Lucia, en laissant tomber sa tête sur l'épaule de sa mère qu'elle embrasse.

— Allons, recouche-toi, je vais m'asseoir près de ton lit.

Et la jeune fille obéit, et la mère lui prend les mains dans les siennes.

— Hier, mon enfant, je te fis une visite à pareille heure, où nous eûmes ensemble un long entretien dont je viens, ce matin, chercher la réponse, devant moi-même la rendre aujourd'hui à monsieur Edouard Morisson, à qui je désire qu'elle soit aussi heureuse qu'agréable; je pense, Lucia, que tu as eu le temps de réfléchir, et que ramenée à la raison, ta mère qui t'aime va te trouver soumise à ses volontés.

— Hélas! ma mère, j'avais tout oublié pour ne penser qu'à Charles.

— Ainsi donc, mademoiselle, loin de

vous disposer à m'obéir, le souvenir seul d'un homme que je vous ordonne d'oublier a été votre unique occupation? écoute, mon enfant, continue madame Bernard, en passant du ton de la sévérité à celui de la douceur, si je savais qu'avec celui que tu dis aimer, le bonheur te soit réservé en ménage, je n'hésiterais pas à combler les vœux de ton cœur, et son peu de fortune n'arrêterait ni ton père ni moi. Mais, persuadé que Charles par son inconstance, son peu de caractère, ferait le tourment de ta vie, je me vois forcé de lui retirer la promesse de ta main, promesse que je lui avais faite jadis. J'ai donc alors acceptée la demande de M. Edouard Morisson, et après t'avoir laissé le temps d'y réfléchir, je viens ce matin te signifier l'ordre de te disposer à cette union qui se fera avant un mois et d'accueillir ton futur ainsi que doit le faire une jeune personne modeste et soumise.

— Ma mère! ayez pitié de moi, et en m'imposant pour époux un autre que celu que j'aime, ne rendez pas votre fille, la femme la plus à plaindre, la plus malheureuse ! Ah ! laissez-moi celui que j'aime, celui à qui vous promîtes de me donner pour épouse, et que depuis si long-temps mon cœur s'est plu à chérir, à espérer comme tel.

— Folle ! qui implore pour mari celui qui, disant l'aimer, en séduisit une autre sous ses yeux, fait madame Bernard avec ironie.

— Ah ! ne le croyez pas, ma mère ; jamais Charles n'aima Lolotte, elle seule voulait s'en faire aimer. Oh ! il me l'a juré mille fois ! dit naïvement la jeune fille.

— Il n'en fut que plus coupable en abusant de la crédulité de celle à qui il jurait autant de fois le contraire.

— Des méchans ont pu seuls l'accuser d'un tel crime.

— Les yeux de ton père, les miens, n'ont pu nous tromper, je pense ; et si la prudence intercepte en moi le pouvoir de t'en apprendre davantage, c'est à toi à en croire ta mère, à renoncer à celui qu'elle juge indigne de devenir son gendre, et à lui obéir sans plus tarder.

Lucia n'a plus la force de répondre ; sa tête seule fait un geste négatif dont la vue irrite de nouveau madame Bernard.

— Vaine résistance, mademoiselle, car je l'ai décidé, M. Edouard Morisson sera votre époux ; disposez-vous donc à le recevoir aujourd'hui avec toute la considération qui lui est due.

— Charles! Charles! exclame Lucia en sanglottant.

Alors la mère quitte froidement sa place, sans faire attention à ces derniers mots, et ordonne, en s'éloignant, à la jeune fille de se hâter de venir la joindre au salon.

Il est quatre heures de l'après midi: grand nombre de personnes, parmi lesquelles se comptent MM. Morisson, de Rinville et Briolet, qui ont été invitées au dîner. C'est une espèce de fête, le repas des fiançailles que la famille Bernard donne ce jour. Déjà les convives arrivent de toutes parts, munis de force gaîté et d'un grand appétit. Lucia a revu sa mère plusieurs fois dans le courant de cette journée ; vers elle ses beaux yeux se sont levés comme pour demander grace et pitié ; mais madame Bernard, froide et silencieuse, est restée inflexible. C'est donc au jardin, près de son père, fort appliqué en cet instant à planter ses dahlias, que la pauvre fille est allée se plaindre et soupirer, les paupières humides de larmes.

— Certainement, je conçois ton chagrin, ma chère petite ; mais que veux-tu, telle est la volonté de ta mère, c'est en vain que j'ai essayé de lui faire entendre raison, elle n'a voulu céder en rien. Tu sais, c'est une bonne et excellente femme, mais elle est rancunière en diable, et ne veut aucunement entendre parler de Charles.

— Mais, vous aussi, mon bon père, vous êtes le maître de votre enfant ; le laisserez-vous donc sacrifier sans nulle pitié pour lui ?

— Sacrifier ! cela te plaît à dire ; car

enfin je ne vois pas trop où est, dans tout cela, le mal que l'on te fait. M. Morisson est un brave et beau jeune homme que plus d'une jeune fille serait heureuse d'avoir pour mari.

— Mais, mon père, je ne l'aime pas, et mon cœur est tout entier à Charles, Charles que vous aimiez tant autrefois, que vous citiez comme un modèle d'esprit, de sagesse...

— Je le sais bien, je le sais bien; mais l'imprudent a eu le malheur de déplaire à ta mère.

— Mon Dieu! mon Dieu! que je suis donc malheureuse! sanglotte Lucia en cachant sa tête dans ses mains.

— Allons! ne pleures donc pas comme cela, ma chérie, tu fais de la peine à ton pauvre père.

Cela disant, M. Bernard, le visage contrit, jette sa bêche, s'essuie les mains, puis prend sa fille dans ses bras, essaie à calmer son chagrin, et de caresses couvre son front pur et blanc.

— Écoute, écoute, chérie, tâche de gagner ta mère, de la décider, et moi, je voudrai tout ce qu'elle voudra, je voudrai même un peu plus, reprend le vieillard.

— Impossible, mon père ; j'ai tout fait pour cela, et elle est restée inflexible. Ah ! votre pauvre Lucia n'a plus qu'à mourir.

— Hein ! mourir; ne t'avises pas de cela, ma mignonne, car ton vieux père ne survivrait pas à ta perte. Va, sois raisonnable, mon enfant, prends ton mal en patience, donne-toi la peine d'étudier, de connaître l'époux que nous t'offrons, et tu finiras par nous remercier d'un si beau cadeau. Vois-tu, Lucia, tu t'es certainement conduite avec toute la légèreté d'une jeune imprudente, en livrant ainsi ton cœur à ce Charles, et tu t'abuses encore plus en t'obstinant à regarder cette inclination comme une chose insurmontable.

— Oui, insurmontable, mon bon père, Oh ! je le sens là, répond la jeune fille en plaçant sa main sur son cœur.

— Diable ! diable ! faut-il, à mon âge,

que tu me fasses éprouver tant de tribulations. Ah ! Lucia , Lucia, c'est mal de ta part de faire ainsi de la peine à ton père ; car, enfin, qu'exiges-tu de lui? qu'il détruise l'ouvrage de ta mère, qu'il aille contre ses volontés et se mette en opposition avec elle ? Mais cela ne se peut pas, mon enfant; à moins de vouloir troubler la bonne harmonie qui règne depuis trente ans dans notre ménage. Encore, si ta mère exigeait une chose injuste, tyrannique; mais non, c'est ton bonheur qu'elle désire, auquel elle travaille ; c'est le type de toutes les bonnes qualités qu'elle te donne pour époux et maître ; puis-je donc la blâmer, lorsque son seul tort à tes yeux est de contrarier une amourette entêtée, à laquelle tu ne penseras plus le lendemain de ta noce.

— Et vous aussi, mon père, vous repoussez les prières, les larmes de votre enfant ? Que je suis donc malheureuse !

— Maudit mariage! maudit enfant! va-t-en, Lucia, éloigne-toi, laisse-moi seul, pleurer sur le chagrin que tu me fais, s'écrie le vieillard suffoqué par les larmes.

— Pitié, mon bon père !! exclame Lucia, les mains jointes et fléchissant les genoux.

— Non, je ne veux plus rien entendre, va-t-en, te dis-je, va-t-en!

Alors, la jeune fille, dont les larmes ruissèlent à travers les doigts, s'éloigne d'un pas faible et lent; puis, monsieur Bernard, non moins désolé qu'elle, et cédant à un doux besoin, laisse là ses dahlias, sa bèche et court après son enfant, qu'il prend de nouveau dans ses bras, qu'il presse sur sa poitrine, qu'il couvre de nouveaux baisers.

— Lucia, ma Lucia! tu n'aimes plus ton père, tu lui en veux, n'est-ce pas ?

Et la jeune fille, de répondre par des caresses, en baignant de ses pleurs la joue de son père.

— Allons, calme ce désespoir, sois courageuse, mon enfant, viens avec moi près de ta mère, essayer quelques prières, que j'appuierai de toute ma force.

— Oh ! non, vous seul, mon père, vous seul, répond Lucia.

Et sur ces mots, madame Bernard, qu'ils n'avaient pas vu venir de loin, tant ils étaient occupés de leur douleur, les aborde et surprend dans leur pénible effusion.

— C'est toi, ma femme ! dit le mari, d'un ton assez embarrassé et se détachant de sa fille.

— Que faites-vous donc ainsi tous deux, d'où naît ce beau transport dans lequel je vous surprends, pourquoi ces yeux rouges et larmoyans ?...

— Ah ! dame ! minette, c'est cette petite fille qui venait me conter ses chagrins, qui parle de mourir, qui me fend le cœur enfin.

— Et qui vous conseille de vous opposer à mes volontés, sans doute ? dit la dame, d'un ton sévère.

— Non, mais de te prier de ne point la marier à monsieur Morisson ; au fait, puisqu'elle manifeste une telle répugnance pour cet hymen, il me semble, ma chère, que nous aurions tort de l'y contraindre, risque le vieillard ; mais sans oser fixer sa femme.

— Monsieur Bernard, mêlez-vous de planter votre jardin, de tuer le temps le plus agréablement possible, mais laissez-moi le soin de marier ma fille comme bon me semble, et cela, sans prendre à cœur les larmes d'une petite pronnell e amourachée sottement d'un mauvais sujet, que je lui commande d'oublier.

— Dam ! tu entends, Lucia, ta mère ne veut pas que je me mêle de cette affaire ; allons, du courage, mon enfant, le chagrin passe et le bonheur vient.

— C'est bien ! c'est bien ! montez vous habiller, mademoiselle, et hâtez-vous, car notre monde ne peut tarder à arriver, et surtout, en présence de monsieur Edouard Morisson, gardez-vous de faire une aussi piteuse mine.

Cela dit, Lucia s'éloigne en silence.

— Ma moute, je crains bien que votre obstination à vouloir marier cette petite, contre sa volonté, ne me coûte la vie de mon enfant, dit le mari resté seul avec sa femme.

— Bah! moi qui ne pouvait vous souffrir, lors de notre mairage, il n'y a qu'à voir si j'en suis morte.

Et là-dessus, ils prirent le chemin de la maison.

De tous les conviés, monsieur Edouard Morisson est, selon la convention, arrivé le premier; c'est au salon qu'il vient saluer Lucia, belle et parée, mais le visage pâle.

— Soyez le bien-venu, mon gendre, et embrassez votre future, fait entendre madame Bernard.

— Oui, embrassez-là, cette chère petite, que vous rendrez heureuse, j'en suis persuadé d'avance, fait à son tour le père de Lucia, en poussant le jeune homme vers sa fille.

— Mademoiselle, puis-je espérer que vous approuverez la demande que j'ai osé faire de votre main, à vos chers parens, et que votre doux consentement, en me comblant de joie, accompagnera celui qu'ils ont daigné m'accorder?...

— Monsieur !..... murmure péniblement Lucia.

— Voyez en moi, belle Lucia, l'homme le plus épris de vos grâces et de vos charmes, qui, en échange du don que vous lui ferez de votre gracieuse personne, vous jure amour et fidélité éternelle, et de déverser sur vous tout le bonheur qui sera en son pouvoir...

— Très joliment parlé, n'est-ce pas, Lucia? interrompt monsieur Bernard en se frottant les mains.

Mais la jeune fille reste muette et les yeux baissés, ce qui fait que sa mère mécontente, se mord les lèvres de dépit.

— Allons, mademoiselle, répondez-donc, avez-vous perdu la parole? fait entendre la dame d'un ton sec.

— De grâce! madame Bernard, ne troublez pas chez mademoiselle cette émotion si naturelle en elle, dans un pareil moment, laissons-lui le temps de se remettre et consulter son cœur avant de me faire entendre sa réponse.

— Eh bien! qu'elle réfléchisse s'il le faut, mais qu'elle se hâte, reprend la dame.

En effet, le trouble de Lucia était extrême, et son cœur battait à rompre sa poitrine.

Heureusement pour la jeune fille, qu'un bruit de pas qui se fit entendre dans la pièce précédente, vint détourner l'attention, et que l'apparition subite de Briolet et de M. de Rinville rompit ce terrible entretien. Une heure encore, passée en diverses causeries, puis le signal du dîner. On passe à la salle à manger, chacun au couvert prend sa place indiquée, ce qui fait que Lucia est placée, par ordre de sa mère, près du tendre et amoureux Edouard. La gaieté règne parmi les convives; Lucia seule, obsédée par les soins de Morisson, manifeste une tristesse profonde, dont s'aperçoit le jeune homme, qui s'efforce vainement de la dissiper en adressant à la jeune fille des paroles douces et amicales.

Le dessert, et par ordre de son épouse, M. Bernard, après avoir réclamé l'attention et un instant de silence, annonce à la société, le prochain mariage de sa fille, et présente Morisson, comme époux futur et gendre de son choix. Alors, les bravos, les félicitations se font entendre; de Rinville renchérit sur les autres, et Briolet pousse une plainte, celle qui lui inspire le regret de ne point avoir été choisi pour époux, de préférence et en qualité d'adorateur et de cousin.

Quant à Lucia, anéantie sous le poids de sa douleur, immobile et silencieuse, elle ne voit plus, n'entend plus, et tous ces complimens dont on l'accable ne forment plus qu'un insupportable bourdonnement à son oreille. On passe sur la terrasse où se prend le café, Lucia est allée se réfugier près de son père, et Morisson, isolée de la société, le dos appuyé sur un treillage, tient de loin son regard tristement fixé sur la jeune fille, puis essaie de saisir dans ses yeux le secret de son ame. C'est que Morisson vient de deviner que Lucia est malheureuse, que Lucia ne l'aime point. Un peu de musique au salon, quelques parties de cartes, puis onze heures, et l'instant de se séparer. Lucia, sans en attendre l'ordre de sa mère, s'est enfui dans sa chambre ; peu après le salon s'est vidé; enfin, ils n'y restent plus que Morisson, monsieur et madame Bernard.

— Un mot, je vous prie, avant de nous séparer, dit le jeune homme, prenant un siége et se plaçant près des époux.

— Nous vous écoutons, mon cher gendre, répond madame Bernard.

— Trop délicat, pour oser offrir mes hommages à une jeune personne, sans avoir avant obtenu cette précieuse permission de sa famille, je vous ai déclaré les tendres sentimens qu'avaient fait naître en moi, la vue et les qualités de votre charmante fille, ainsi que le désir brûlant d'être un jour son époux, si j'étais assez heureux pour être jugé digne d'une telle faveur.

— Et vous en jugeant digne sous tous les rapports, avec joie nous avons accepté l'honneur que vous nous offriez, persuadés qu'avec vous notre enfant trouvera bonheur et union, interrompt madame Bernard.

— Mais avant, reprend le jeune homme, j'aurais peut-être dû m'inquiéter des dispositions de Lucia, et savoir si l'époux que j'étais tenté de lui offrir en moi, serait de son goût......

— Pouvez-vous en douter? dit vivement la dame.

— Hélas! oui; je crains de ne point plaire à votre fille; qu'en se donnant à moi, ce soit sa soumission aux volontés de sa famille et non son cœur qui agisse...

— Qu'importe le caprice d'un enfant, lorsqu'il s'agit de son bonheur, observe madame Bernard.

— Dans un acte comme celui dont il est question, ce cas est d'une telle importance à mes yeux, madame, que je préférerais renoncer au charme de posséder votre fille, s'il me fallait l'obtenir contre sa volonté, sans que son cœur accompagnât le don de sa main.

— Bien! très bien parlé, mon jeune ami, fait entendre monsieur Bernard.

— Silence, donc, monsieur; laissez parler monsieur Edouard, dit la dame, puis continuant, pourriez-vous douter un seul instant, que Lucia n'accepte le titre de votre femme, avec satisfaction et reconnaissance?

— Dites seulement avec quelque plaisir et de son plein consentement. Eh bien, oui, madame, j'en doute.

— Quoi donc peut vous le faire présumer? est-ce cet air timide, embarrassé, qu'elle n'a cessé de nous montrer aujourd'hui? niaiserie, que cela, frayeur d'enfant qui s'alarme, s'épouvante au seul mot de mariage, timidité enfin! qui s'évanouira dans peu.

— N'importe! il ne faut point trop se hâter, et quoique cette union soit le vœu le plus cher à mon cœur, qu'il me tarde d'être l'époux de votre charmante Lucia; l'honneur, la délicatesse m'ordonnent de ne rien conclure avant d'avoir su lui plaire, avant d'avoir reçu de sa bouche un libre consentement à ce mariage. C'est que Dieu me garde de faire le malheur de qui que ce soit ; et ce serait faire celui de votre enfant, que de la mettre dans les bras d'un homme qu'elle n'aimerait point.

— Bien dit ! exclame de nouveau monsieur Bernard.

— Silence donc ! encore une fois, mon ami, fait entendre l'épouse.

— Cependant, madame, il m'est bien permis, ce me semble, d'applaudir aux nobles sentimens que nous manifeste cet excellent jeune homme, et lui faire savoir que je suis entièrement de son avis; qu'un homme délicat ne doit point épouser une fille dont il ne serait pas aimé, répond le mari avec une espèce de fermeté, mais toujours sans oser fixer sa femme.

— Ajoutez aussi, monsieur, une jeune personne qui a peut-être une inclination dans le cœur ; car, il est fort possible que votre jeune Lucia ait conservé en secret un doux souvenir de monsieur Charles Dormer.

— Par exemple ! exclame madame Bernard avec humeur, à cette observation d'Édouard.

— La chose serait possible, madame ; destinée dès l'enfance à ce jeune homme...

— Non, non, monsieur, cela ne peut pas être, interrompt vivement la dame, car, ce serait une extravagance de la part de Lucia, un caprice, auquel il ne faudrait nullement s'arrêter.

— Cependant, madame, cela mériterait quelques considérations de ma part, surtout; aussi vous demanderai-je, avant qu'il soit plus question de mariage, la permission de sonder le cœur de votre fille, d'essayer à y introduire les tendres sentimens que j'éprouve en sa faveur, enfin, à obtenir de sa tendresse le droit heureux de la nommer mon épouse.

— Eh bien! puisqu'il ne m'est pas possible de vaincre vos scrupules, faites donc, mon cher Édouard; et, de grand cœur, je forme des vœux sincères pour la réussite des vôtres, succès dont je ne puis douter, du moment que vous entreprendrez de convaincre Lucia de votre mérite et du bonheur qui l'attend en devenant votre épouse.

— Oui, c'est cela, mon cher Morisson, forcez cet enfant à vous aimer; soyez près d'elle plus aimable que tout autre. Quant à moi, je vous promets de plaider près d'elle en votre faveur. Oh! nous la rendrons raisonnable et heureuse malgré elle, dit M. Bernard, en pressant avec effusion la main du jeune homme.

— Merci de vos bons souhaits, de l'aimable intérêt que vous daignez me témoigner, mes excellens amis. A demain donc; puisse le premier essai que j'espère tenter sur la confiance et le cœur de votre aimable Lucia m'être heureux et prospère, répond Édouard, en prenant congé des époux.

Sachons maintenant ce que faisait la jeune fille durant cet entretien. Lucia, comme on l'a vu plus haut, lorsqu'elle abandonna le salon la tête perdue et le désespoir dans l'âme, fut s'enfermer dans sa chambre, et là, assise près de son lit, la tête appuyée sur sa main, la pauvre enfant avait long-temps donné cours à ses larmes ainsi qu'à ses tristes pensées, rêvant au moyen d'échapper à un hymen qu'elle détestait, et qui menaçait de la ravir à celui qu'elle aimait et ne pouvait cesser d'aimer, à celui qui, banni injustement par sa famille, l'attendait sans doute en ce moment dans le jardin. Mais près de lui devait-elle se rendre, lui porter la triste nouvelle que rien n'avait pu attendrir sa mère, et qu'il ne lui restait plus qu'à mourir pour ne point trahir la foi jurée ?..... Hélas ! oui, car il faut qu'il le sache, qu'ensemble ils pleurent la perte de leurs plus douces espérances, de leur amour. Ensuite, si elle ne se rendait pas près de Charles, Charles, dans son impatience, tenterait peut-être encore de s'introduire chez elle par cette fenêtre; de nouveau elle serait seule avec lui; peut-être bien alors le chien n'aboierait-il pas une seconde fois aussi à propos. Oh ! décidément, il faut descendre; il y a trop de danger à courir, pour une pauvre jeune fille, en recevant celui qu'elle aime dans sa chambrette.

— Minuit, oh! comme il y a déjà longtemps qu'il se chagrine à m'attendre, pensait Lucia en quittant sa place, après avoir jeté un regard sur sa pendule.

Puis elle ouvre doucement, doucement, la porte, s'échappe et gagne le jardin, en se dirigeant vers le banc indiqué la nuit dernière comme lieu du rendez-vous.

— Personne! soupire Lucia avec surprise. Mon Dieu! se serait-il lassé de m'attendre? le chagrin, en altérant sa santé, l'aurait-il retenu chez lui? Oh! non, mourant, il se serait encore traîné près de moi; présent ici, il ne serait pas parti sans m'avoir vue; sa voix se serait fait entendre à mon oreille, Oh! non, non, il n'est pas encore venu; attendons alors, et pensons à lui, dit-elle en tombant sur le banc.

Minuit et demi. Ah! que l'attente est longue et cruelle, et combien s'inquiète la pauvre Lucia.

— Charles! ô! mon Charles, que fais-tu

donc si long-temps loin de ton amie? Hélas! elle souffre, et ta main ne vient pas essuyer ses pleurs.

Et l'horloge de faire entendre au loin la première heure de la nuit, et Lucia, hors d'elle, quitte le banc, parcoure les avenues du vaste jardin, puis atteint la petite porte par où doit entrer l'amant tardif.

— Hélas! est-ce que, fatigué des peines que lui cause notre amour, Charles renoncerait à moi? ou plutôt, près d'une autre plus jolie, l'ingrat oublierait-il sa Lucia?... Oh! non, cela ne peut être. Mais qui le retient? qui l'arrête, lorsque depuis long-temps l'heure du rendez-vous a sonnée?..... La clé de cette porte, peut-être, qu'il aura oubliée, perdue?

Et pensant ainsi, la jeune fille court à la petite porte, l'ouvre, et ses yeux embrassent aussitôt la plaine, qu'éclairent en ce moment les rayons de la lune.

— Mon Dieu! mais je n'aperçois rien! il ne vient pas, soupire Lucia douloureusement, en faisant quelques pas dans les champs.

Puis, intimidée par l'isolement et le bruissement du feuillage, elle retourne sur ses pas, et voit avec douleur que la porte, poussée par le vent, en se fermant sur elle, lui a ôté tous moyens de rentrer dans le jardin.

— Oh! ciel, que faire, que devenir? comment rentrer? comment, seule, oser passer ici une nuit entière?

Cela disant, Lucia, de ses faibles mains, cherchait à ébranler la porte, à se cramponner, à se hisser sur le mur; impossible! Alors sur l'herbe elle tombe anéantie de frayeur et de fatigue. Quelques instans; puis, au loin, se fait entendre le roulement d'une voiture; puis la jeune fille, soulevant la tête, en voit une qui se dirige de son côté, puis s'arrête à quelque distance, et une personne qui en descend venir droit à elle. — Serait-ce Charles? serait-ce un étranger? Et, dans son indécision, mêlée d'une extrême frayeur, Lucia se blottit le plus petitement possible dans un coin de la porte.

— C'est lui! c'est lui! s'écrie la jeune fille, en reconnaissant son amant, et courant à lui. Charles! Charles, pourquoi avoir tant tardé, ajoute-t-elle, en tombant dans les bras du jeune homme.

— Mais toi-même, ma Lucia, comment es-tu hors de chez toi à cette heure?

— Hélas! j'allais à ta rencontre, après une longue attente, et, au retour, le vent avait fermé la porte, dont heureusement tu as sur toi la clé.

— ..... La clé..... mais non, non, je l'ai oubliée. Étourdi que je suis, répond Charles, après avoir réfléchi un instant, et feignant de fouiller ses poches.

— Est-ce possible? mon Dieu! mais que faire? que devenir? comment rentrer? Charles, Charles, il faut m'aider à franchir ce mur, devrais-je me briser en tombant de l'autre côté. Hâte-toi, je t'en conjure.

— Calme tes craintes, ma Lucia, et loin de te désespérer ainsi, comprends la volonté du ciel, qui, malgré toi, te livre à ton heureux amant.

— Je ne te comprends pas, Charles.

— Réponds d'abord, Lucia, as-tu fléchi ta mère? consent-elle enfin à te donner à moi?

— J'ai tout fait, hélas! mais vaine espérance! je n'ai plus qu'à mourir, répond la jeune fille en larmes.

— Alors plus de fille pour elle. Suis-moi, Lucia, car tu ne dois rentrer en cette maison qu'après qu'ils t'auront nommée mon épouse.

— Y penses-tu, Charles?

— Je sais tout, ma douce amie, grâce à un ami dévoué et fidèle, qui ce soir est venu m'apprendre qu'un M. Morisson, choisi par ta famille, allait avant un mois devenir ton époux. Lucia, plus de faiblesse, ou tout espoir de bonheur est détruit pour nous; viens, viens, te dis-je: car, si tu refuses encore, ton amant, ne pouvant plus longtemps supporter l'idée de ta perte, va s'arracher la vie à tes yeux.

Cela disant, et le genou en terre, Charles, aux yeux de Lucia, fait briller la lame d'un poignard, dont il plaça la pointe sur sa poitrine.

— Arrête, malheureux ! s'écrie aussitôt Lucia, en retenant le bras du jeune homme.

— Consens, Lucia, ou je meurs à l'instant.

— Ah ! fuyons, mais épargne ta vie, dit la jeune femme, en tombant dans les bras de Charles, qui l'enlève, l'emporte, et court la placer dans la voiture, presque sans connaissance.

Puis, bientôt assis près d'elle, le jeune homme donne le signal, et les chevaux les emportent avec rapidité, pour courir les déposer, une demi-heure après, rue de la Madeleine, à la porte de la maison habitée par le ravisseur.

— Reviens, reviens à toi, ô ma Lucia; plus de chagrins, plus de séparation désormais : car tu m'appartiens maintenant, et l'honneur leur ordonne de me nommer ton époux.

Ainsi parlait Charles à la pauvre Lucia, que dans sa chambre, sur son lit, et au point du jour, il pressait dans ses bras et couvrait de baisers.

— Oh! Charles, est-ce là ce que tu m'avais juré? Ah! que tu m'as trompée et rendue coupable! Et mon père, ma mère, hélas! mon déshonneur leur donnera la mort peut-être!

— Enfant! ils vivront pour pardonner et nous unir.

CHAPITRE V.

INCIDENS DIVERS.

— Comment, ma fille n'est pas dans sa chambre ?

— Non, madame; son lit même n'est pas défait, rien n'annonce que mademoiselle se soit couchée cette nuit, répondait une femme-de-chambre à madame Bernard, qui venait de lui ordonner d'aller éveiller Lucia.

— La pauvre enfant, où donc peut-elle être? Ah! cette absence me glace de frayeur. Hélas! si votre rigueur envers elle, ma chère femme, allait avoir réduit cet enfant au désespoir, et causé quelque malheur, fait entendre monsieur Bernard, d'une voix émue et tremblante.

— Allons donc, quelle idée! elle m'effraie aussi. Cherchons, cherchons, monsieur, répond l'épouse, en entraînant son mari.

Mais c'est en vain que l'on cherche, que l'on appelle, qu'on s'informe, Lucia ne se retrouve point.

— Oh! ciel, où peut-elle être?

— Ma fille, ma fille chérie! ah! elle se sera tuée! madame, et c'est vous qui aurez causé ce malheur.

— Taisez-vous, monsieur Bernard; il est affreux de votre part de m'adresser de semblables reproches dans ce cruel moment.

Puis, se retournant vers les domestiques interdits, madame Bernard donne l'ordre de parcourir le pays, le bois, de chercher et s'informer partout; puis elle aperçoit Édouard Morisson, qui, en entrant dans la chambre, annonce aussitôt que Lucia est retrouvée.

— Retrouvée ! ah! quelle joie! quel bonheur ! s'écrie M. Bernard, en courant embrasser le messager de cette bonne nouvelle.

— Où est-elle, cette cruelle enfant? questionne vivement madame Bernard.

— Laissez-nous, dit Édouard aux valets encore présens.

Et resté seul avec les deux époux, le jeune homme remet entre les mains du père une lettre, qu'à sa suscription, le vieillard reconnait pour être de sa fille.

— Une lettre de Lucia. Par quel hasard? Voyons.

Et cela disant, la dame prend la missive des mains de son mari, en rompt le cachet, et lit ce qui suit à haute voix.

« Grâce! oh! mon père, oh! ma mère:
» car votre fille, au désespoir, a commis
» une grande faute. Lucia, votre malheu-
» reuse Lucia! afin d'échapper à une union
» qu'elle déteste, a fui votre toit paternel,
» pour aller habiter celui de l'amant de son
» cœur, de l'époux de son choix. Pitié pour
» elle! vous qui l'avez tant aimée, ne la
» maudissez pas, car elle ne pourrait sur-
» vivre à votre colère; et si, dans votre
» cœur, la faute qu'elle vous révèle n'a
» point effacé tous sentimens de tendresse,
» oh! daignez, en pardonnant à votre en-
» fant coupable, de votre volonté pater-
» nelle, sanctifier une union devenue dé-
» sormais nécessaire, afin d'effacer son
» crime. Oui, grâce pour celle qui s'est
» rendue indigne d'être désormais l'épouse
» d'un autre que Charles! Charles, celui
» que vous lui aviez jadis indiqué comme
» époux, et que, sous vos yeux, elle apprit
» à aimer. Au nom du ciel! ne repoussez
» point la prière de votre fille; que votre
» miséricorde lui ordonne de vivre! de vi-

» vre pour vous chérir, et employer ses » jours à vous prouver son amour, à effa- » cer de votre mémoire, à force de vertus, » de tendresse et de soins, les chagrins » que vous cause en ce moment une cou- » pable conduite, où l'entraînèrent le dés- » espoir et une passion plus forte que sa » raison. »

— L'odieuse fille ! qui jamais l'aurait cru capable d'une action aussi infâme ! l'indigne enfant ! s'échapper de la maison de son père et de sa mère pour se réfugier chez un jeune homme ! dit madame Bernard en proie à une vive indignation, et après avoir lu.

— Oui, c'est mal, très mal à elle, mais à tout péché miséricorde, fait entendre M. Bernard avec bonhomie.

— Miséricorde de votre part, c'est possible, monsieur, vous êtes si faible ! mais de la mienne, jamais ; non, jamais je ne pardonnerai à ma fille une action aussi éhontée.

— Ah ! madame, pourquoi cette rigueur envers un enfant qui vous est cher ; grace pour elle, je vous en conjure. Par une trop grande sévérité, craignez de désespérer votre fille; pardonnez-lui, madame, et hâtez-vous, afin d'agir avec sagesse et prudence, de l'unir à celui que son cœur préfère.

— Ah! mon cher M. Morisson, quelle femme je voulais vous donner! dit madame Bernard en haussant les épaules.

— Une femme charmante, madame, qui, j'en suis persuadé, fera le bonheur de l'époux de son choix.

— Non, non, monsieur, celle qui oublie ses devoirs étant fille, ainsi que le respect qu'elle doit à ses parens, qu'elle se doit à elle-même, ne peut faire une épouse vertueuse.

— Madame Bernard, vous êtes trop sévère dans vos opinions; et moi je dis aussi que ma Lucia, mariée à son Charles dont elle raffole, fera une excellente femme. Mais hâtons-nous de prendre un parti, de convenir de ce qu'il faut faire; le plus pressé, selon moi, est, je pense, d'aller chercher cette petite, et de la ramener ici.

— Faites, monsieur Bernard, ce qui vous plaira; quant à moi, je ne me mêle de rien, et renonce à mes droits sur votre fille, répond la dame. Mais, ajoute-t-elle, expliquez-nous, monsieur Édouard, comment il se fait que vous soyez porteur de cette lettre?

— Ce matin, madame, un commissionnaire l'apporta chez moi, ainsi qu'une seconde qui m'était adressée, et renfermait les excuses de mademoiselle votre fille, ainsi que la recommandation expresse de vous apporter ce matin même la lettre que je viens de vous remettre.

— Quoi! elle a osé vous écrire?... dit la dame avec surprise.

— Oui, afin de m'expliquer les motifs qui l'ont poussé à fuir votre demeure, pour m'apprendre que toute son estime m'est acquise, mais que son amour appartenant à un autre, il lui était impossible de s'unir à moi, répond Edouard avec tristesse.

— L'effrontée ! exclame madame Bernard.

— De plus, madame, votre enfant me charge d'implorer sa grace, et votre consentement à son union avec M. Charles Dormer.

— Qu'elle se marie, j'y consens ; mais loin de moi, car je ne veux plus la revoir.

— Et moi, je ne puis m'en dispenser, car c'est ma fille chérie ; de plus, je lui pardonne, parce que le mal étant fait, il ne s'agit plus que de le réparer, fait entendre M. Bernard.

— Très bien, monsieur ; mais j'aime à croire que madame ne vous cédera rien en fait de générosité, que sa colère ne pourra résister aux larmes, au repentir de sa fille, dit Édouard d'une voix émue.

— Détrompez-vous, monsieur Morisson, rien ne me fléchira, et je garde à Lucia une rancune de toute la vie.

— Madame Bernard, un trop long ressentiment est souvent aussi funeste pour une mère que pour l'enfant qui en est l'objet ; abandonner et chasser loin de soi une fille, seulement égarée, c'est l'exposer à se perdre sans retour. Allons, madame, ajoute Edouard d'un accent doux et suppliant, de l'indulgence, pitié et pardon pour celle qui l'implore du fond de son cœur ; que votre tendresse maternelle se ranime à sa prière, et ne rejettez pas celle que je joins à la sienne.

— Non, jamais ! exclame la dame avec force et énergie.

— Madame Bernard, vous avez un cœur de rocher, c'est mal, bien mal, je vous le répète, de repousser ainsi le fruit de ses entrailles, fait entendre M. Bernard d'un ton larmoyant.

— Taisez-vous, mon ami, vous êtes d'une faiblesse ridicule. Comment pouvez-vous pardonner aussi facilement une faute de cette importance ?

— Ah ! s'il n'eût dépendu que de moi, la pauvre enfant ne l'eût point commise ; car, instruit par elle de son attachement pour Charles, afin d'éviter un malheur, j'aurais tout de suite, à leur première demande, unis ces deux enfans.

— C'est bon, monsieur, assez de votre morale, allez chercher votre fille, ramenez là ici où elle se tiendra dans sa chambre, loin de mes regards, jusqu'au jour de son mariage, dont il vous faut aussi presser les démarches; quant à M. Charles, votre gendre futur, dites lui qu'il se prépare, le jour de son union, à venir recevoir son épouse de vos mains, mais seulement à la grille de notre maison, dont je persiste à lui interdir l'entrée.

— Voilà qui est flatteur pour le pauvre garçon; répond le mari.

— Laissez, monsieur Bernard, laissez dire votre épouse; car d'ici-là, je l'espère, son mécontentement aura fait place à des sentimens plus maternels.

— N'y comptez pas! monsieur, répond la dame avec sévérité.

Encore, quelques instans de cet entretien et Morisson prend congé des époux, avant d'avoir pu fléchir le couroux de la dame, mais non sans l'espoir d'être plus heureux à la première et prochaine visite] qu'il compte lui faire. Une demi-heure après, M. Bernard roulait vers Paris, et quelques instans plus tard, sonnait à l'appartement de Charles.

La porte s'ouvre, le vieillard entre, et les deux jeunes gens tombent à ses pieds.

— Relevez-vous, relevez-vous, méchans enfans, dit le père avec émotion, en présentant la main à sa fille, qui se jette en larmes dans ses bras, tandis que Charles lui couvre l'autre main de baisers.

— Ah ! tu as fait une vilaine chose, Lucia, dont ta mère est fort en colère; et toi, Charles, devais-tu le souffrir, ne devais-tu renvoyer aussitôt cette folle de chez toi ?

— Hélas! monsieur, je l'aime, telle est mon excuse.

— Sûrement, elle aussi t'aime beaucoup et franchement, si ce n'était cette diable d'escapade, et la colère de ma femme, je serais enchanté de vous voir mariés ensemble, dit M. Bernard en se jettant sur un fauteuil en essuyant les larmes qui mouillent ses paupières.

— Mon bon père ! vous pardonnerez à votre pauvre Lucia, n'est-ce pas ? demande la jeune fille en caressant le bon vieillard.

— Est-ce que je puis te garder rancune, ma chérie ? cependant je la devrais, car c'est affreux ce que tu as fait là, nous mettre ainsi dans l'inquiétude.

— Et ma mère ?...

— Oh ! de ce côté là, tu n'en seras pas quitte à bon marché, car elle t'en veut furieusement !

— Ah ! monsieur, conduisez-nous à ses pieds, afin d'y implorer son pardon, dit Charles en pressant la main du vieillard.

— Je m'en garderais bien, elle te ferait chasser de la maison. Crois-moi, mon garçon, évite au contraire sa présence, jusqu'à ce que ce bon monsieur Edouard Morisson, qui s'intéresse chaudement à vous, soit parvenu à fléchir sa colère, et durant ce temps occupe-toi activement des démarches nécessaires pour ton mariage.

— Oh! bonheur, quoi vous consentez? s'écrie le jeune homme avec joie.

— Parbleu! il le faut bien, puisque vous avez eu la perfidie de rendre impossible un plus long refus de notre part.

— Mon bon père, il ne manque donc plus rien au bonheur de votre Lucia, que le pardon de sa mère.

— Viens donc avec moi essayer à l'obtenir.

— Partons, mon père, partons!

— Adieu, Charles, dans quinze jours le mariage; surtout, aie soin, grand soin de rendre ma Lucia heureuse, car autrement, je t'en voudrais à la mort.

— Ah! monsieur, ne lui ai-je pas juré un amour, une fidélité de toute la vie.

— Tant mieux! tant mieux, oh! tu lui dois tout cela, car je crains bien qu'elle ne paie ton amour de tout celui de sa mère.

— Hélas! quel cruel pronostic, mon père! fait entendre Lucia en soupirant.

— Allons, ne te désespères pas, car enfin, je puis me tromper; au surplus viens avec moi en tenter l'épreuve.

— Adieu, mon Charles, je vais voir ma mère, la prier pour toi et pour moi. Quelques paroles encore, puis les amans se séparent, et la jeune fille, craintive et tremblante, roule vers Passy avec son père.

Ils arrivent ; Lucia, en entrant dans la maison, a peine à se soutenir tant est grande son émotion. C'est dans une pièce précédente que son père l'invite à attendre le temps qu'il va préparer sa mère à la recevoir.

— Ma chère amie, ma femme chérie, elle est là, la pauvre petite a bien peur, et désire te demander pardon, fait entendre M. Bernard d'une voix suppliante, en s'approchant de sa femme, assise dans sa chambre et absorbée dans ses réflexions.

— Je vous avais prié, mon ami, de ne point me l'amener, mais de la conduire chez elle, répond la dame.

— Dam ! c'est qu'elle a tant envie de te voir, de t'embrasser, la chère enfant...

— Plaisantez-vous, M. Bernard, croyez-vous que la faute qu'a commise votre fille, soit une de celles qu'une mère pardonne à l'instant même ?

— C'est juste, mais à quoi bon bouder long-temps? allons, ma chérie, un peu d'indulgence, pardonnons tout de suite, faisons la noce, et amusons-nous.

— En vérité, monsieur, vous me faites pitié ! Quoi, votre fille s'échappe nuitamment de votre toît, pour courir vous braver, et se déshonorer dans les bras d'un homme, avec qui elle passe la nuit, et indifférent à la honte dont elle couvre sa famille, vous pardonnez lâchement à cette fille coupable, et vous faites aussitôt son avocat ? Mais cela n'a pas d'exemple et c'est encourager le vice que d'en agir avec une telle faiblesse! quant à moi, monsieur, qui jusqu'alors s'était fait gloire de la vertu, de l'infaillibilité de ma famille, et qui me voit contrainte de rougir aujourd'hui de la honte de ma fille, je ferme pour toujours mon cœur à cet enfant ingrat, je la livre à celui qui l'a déshonorée, puis, la chasse et la maudis...

— Ah! ma mère, ma mère! au nom du ciel, révoquez cet horrible arrêt, grâce! grâce, ma mère, ou votre malheureuse fille expire à vos pieds, s'écrie Lucia, qui a tout entendu, en se précipitant dans la chambre et tombant éplorée, suppliante, aux genoux de sa mère.

Nulle autre émotion que celle de l'indifférence ne s'exprime chez madame Bernard, ses yeux se détournent de sa fille, sa main repousse ses caresses, et sa voix avec sévérité lui ordonne de s'éloigner et d'aller s'enfermer dans sa chambre. En vain Lucia prie, conjure, mouille de ses pleurs les genoux de sa mère, cette dernière demeure inflexible même aux larmes que son époux mêle à celles de son enfant.

— Ah! c'est infâme! et c'est encore avec une telle inflexibilité, madame, que de la pauvre Lolotte, qui n'était qu'une fille trompée, vous avez fait une courtisanne éhontée! s'écrie M. Bernard dans une noble indignation.

— Très bien! monsieur; les reproches, la discorde dans notre ménage, tels sont les fruits de la conduite de votre fille! répond madame Bernard avec aigreur.

— Ma foi! madame, mon cœur, porté à l'indulgence, à la paix, se bouleverse à la vue de tant de larmes, de gémissemens et de rigueur.

— Oh! silence, silence, mon père, laissez ma mère jeter un regard de pitié sur mon repentir et mon désespoir; laissez, afin qu'elle puisse interroger son cœur et l'entendre lui dicter mon pardon! s'écrie la jeune fille, interrompant et levant ses mains suppliantes vers l'auteur de ses jours.

— Relève-toi, Lucia, relève-toi, te dis-je! tu vois bien que ta mère ne te regarde ni ne t'écoute; obéis, relève-toi, mon enfant, et, à force de bonne conduite, de soumission, fais en sorte de la forcer de te rendre son amour.

Cela disant, le vieillard relevait sa fille; puis, la pressant sur son sein, la couvrait de caresses.

— Oh! Dieu, dit-il, si comme moi, ta mère en ce moment ressentait tout le bonheur, la joie qu'il y a à pardonner, déjà, Lucia, tu serais sur son cœur, dans ses bras. Allons, madame Bernard, ma femme, ma chère femme, ne veux-tu point en essayer? Je t'en prie, je t'en conjure, pardonne-lui en faveur de ton vieux mari; révoque cette horrible malédiction, qu'une hideuse colère t'a fait jeter à ton enfant, au fruit de tes entrailles, au gage unique et chéri de notre union... Véronique, ma vieille amie, ma compagne bien-aimée, ne sois pas inflexible, regarde ta fille et ton époux tombant ensemble à tes pieds, et que les pleurs suffoquent tous deux... Véronique, nous laisseras-tu mourir de chagrin, sans nous accorder le moindre regard de pitié?

Ainsi parlait le brave homme, agenouillé avec son enfant et mouillant de ses pleurs les mains, les genoux de sa femme. Elle, attendrie, désarmée, et la tête tournée, cachait les ruisseaux de larmes qui s'échappaient aussi de ses yeux; larmes d'heureux augure, que M. Bernard aperçoit avec joie et qui l'encouragent à placer Lucia sur le sein de sa mère. C'est alors que la dame, ne pouvant plus résister, enlace sa fille de ses bras et s'écrie, en l'embrassant :

— Malheureuse enfant! tu m'as cruellement offensée; mais, puisque Dieu et ton père parlent à mon cœur en ta faveur, je ne serai pas moins généreuse. Va, je te pardonne, Lucia; puisse la bénédiction de ta mère te garantir un jour des chagrins que ta faute te prépare!

— Oh! ma mère, merci, merci! s'écrie la jeune fille, ivre de joie.

— Épouse donc ton Charles, et sois heureuse, mon enfant!

— Ah! j'étais bien sûr, ma bonne Véronique, que tu ne pouvais avoir cessé d'aimer tout-à-fait notre Lucia.

— Grâce à vous, mon ami, dont les larmes, les douces supplications, en déchirant mon cœur, ont désarmé son courroux.

— Ah çà, ma chère amie, Charles est-il compris dans le traité? s'informe le mari.

— Il le faut bien! répond la dame au grand contentement de Lucia.

— Je vais alors l'en prévenir et le mander aussitôt, reprend M. Bernard en jetant un coup-d'œil sur sa fille, et recueillant sur ses lèvres le sourire que lui vaut cette proposition.

Quelques instans encore, et Lucia, fatiguée par les vives émotions qu'elle n'avait cessé d'endurer depuis la veille, se retira dans sa chambre, d'après l'avis de sa mère, et y passa le reste de la journée. Le soir, paraissant au salon après y avoir été mandée, quelle fut la douce surprise de la jeune fille en y trouvant Charles, assis entre M. et madame Bernard; mais combien d'embarras vint aussi se mêler à sa joie en apercevant de même M. Édouard Morisson. Charles s'est levé, tout de suite est venu au-devant de son amie, puis, la prenant par la main :

— Venez, venez, ma chère Lucia, m'aider à trouver d'assez fortes expressions, afin de pouvoir peindre à vos parens toute la joie, la reconnaissance que m'inspirent l'heureux pardon qu'ils daignent m'accorder, ainsi que du don précieux de votre main chérie.

Les regards de la jeune fille, en rencontrant par hasard ceux d'Edouard, qu'ils cherchaient à éviter, y rencontrent l'empreinte d'une sombre tristesse et l'expression du regret.

— Oui, remerciez aussi dans M. Edouard l'ami généreux, qui, sacrifiant ses droits, oubliant une grave injure, plaida le premier en votre faveur, Lucia, fait entendre madame Bernard.

— Que de reconnaissance, monsieur, vous acquiert, de ma part, une aussi noble conduite et ce généreux désintéressement ; combien aussi je m'estimerai doublement heureux si, en échange d'une sincère amitié, d'un dévoûment de toute la vie, je pouvais mériter votre estime, dit Charles en s'adressant à Édouard.

Et ce dernier, pour toute réponse, lui tend et serre la main, au grand contentement des personnes présentes.

La soirée terminée, Charles retourne à Paris, et Morisson reprend pédestrement le chemin d'Auteuil, où, solitaire, il donne cours, en marchant, à ses tristes pensées :

— Oh ! doux espoir d'amour et de félicité, combien, hélas ! vous êtes passés rapidement ! Elle en aimait un autre, et mon cœur s'était épris de ses charmes ! Lucia ! chère Lucia ! toi, la seule femme que j'aie aimée, combien je regrette ta divine possession, et que j'envie le destin du mortel heureux que tu m'as préféré. Ah ! loin de mon cœur toute haine jalouse ! Sois heureuse avec celui que tu choisis ; puisse-t-il toujours t'aimer et embellir ta vie, comme l'eût fait l'amant dédaigné par toi. Adieu, Lucia, adieu éternel ! car l'infortuné Édouard ne se sent pas la force d'être témoin du bonheur de son fortuné rival. Ainsi pensait Morisson, lorsqu'il atteignit sa demeure.

CHAPITRE VI.

APRÈS TROIS MOIS DE MÉNAGE.

— Ah! vous voilà donc, monsieur? qu'avez-vous fait depuis plus de trois mois que vous n'êtes venu me voir?

— Trois mois, ma chère Lolotte, quoi, il y a autant de temps que cela?... Mais oui, en effet! je ne t'ai pas fait de visite depuis le mariage de Charles et de Lucia.

— Oui, depuis que vous avez fait connaissance chez moi, d'une de mes amies, madame Saint-Léger, de chez qui, m'a t-on dit, vous ne bougez plus.

— Que veux-tu, ma bonne Lolotte, cette charmante veuve m'a tourné la tête, je l'adore à en perdre la raison!

— Oh! là, comment, Briolet, tu es capable d'aimer à ce point? allons, parle franchement, et avoue moi, que tu aimes encore plus la fortune de la dame, que sa personne.

— Franchement, ma chère, j'idolâtre l'un autant que l'autre; mais, ce qui me désespère, c'est que cette femme charmante ne paraît nullement disposée à convoler en de secondes noces, et me fait languir d'une manière atroce.

— C'est qu'elle ne t'aime peut-être pas assez pour te sacrifier sa liberté, et cependant, dit-on encore, on vous voit partout ensemble, à la promenade, au bal, au spectacle...

— C'est la pure vérité, nous sommes inséparables, répond Briolet.

— Ce qui annonce que tu ne lui es pas indifférent, puisqu'elle accepte ainsi ta société.

— Sans doute, elle m'aime considérablement, ce qui n'empêche pas sa vertu farouche de m'interdir toutes faveurs amoureuses et de m'imposer silence lorsque je me plains de sa rigueur.

— Écoute, mon cher Briolet, je suis fachée que tu ne sois pas venu me demander quelques avis, avant de t'être amouraché de madame Saint-Léger; car, mon pauvre garçon, cette femme n'est nullement ce qui te convient.

— Bah! pourquoi donc cela? fait Briolet avec humeur et surprise.

— Parce que cette femme, étant la tienne, te ménera par le bout du nez, que tu ne seras pas le maître dans le ménage, en ce que la dame, fière de ses attraits, d'un peu de fortune, qu'elle doit, dit-elle, à la générosité d'un de ses oncles, prétend dominer sur tout et partout.

— N'est-ce que cela ? bagatelle alors, car ce n'est pas un caractère comme le mien, véritable barre de fer, qu'une femme parviendra à ployer selon ses caprices ; non, non, rassure-toi, ma chère Lolotte, que je sois assez adroit pour amener la dame au conjungo, et alors tu verras.

— Je verrai, que tu seras le très humble serviteur de madame, qui te fera payer chèrement la part qu'elle te cédera sur ses dix mille francs de rente.

— Oui, dix mille et moi six, cela fera seize; et seize mille francs de rente à dépenser en province équivalent à trente-deux ; or, donc! trente-deux mille francs de rente et une jolie femme...

— Bien calculé, reprend Lolotte, mais bien fin, tu seras, si jamais tu fais consentir la dame à vivre loin de Paris.

— Du moment que telle sera ma volonté! dit Briolet avec fermeté.

— Elle ne manquera pas de n'en rien faire. Au surplus, continue la jeune femme, arrange-toi comme bon te semblera; tu es prévenu, Briolet, à toi la faute, si un jour tu t'avises de ne point te trouver heureux dans ton ménage. Maintenant, parle-moi de Charles, dont monsieur de Rinville m'a appris le mariage avec Lucia; est-il heureux avec sa jeune épouse? demande la jeune femme avec ironie? que font-ils? le bonheur sourit-il à leur tendre union?

— Lune de miel admirable, ma chère, passée tout entière en caresses, prévenances, fêtes et promenades.

— C'est d'usage! mais depuis cette lune, deux mois se sont déjà écoulés, et les époux sont-ils toujours aussi tendres l'un pour l'autre.

— Il n'y a pas de différence, répond Briolet.

— Mon Dieu! il en était donc bien épris! dit Lolotte avec humeur.

— Mais oui, pas mal; au fait, Charles promet de faire un bon mari, et s'il prend le parti de ne point se laisser entraîner continuellement par le capitaine, ce qui lui a déjà valu quelques petites difficultés avec sa femme, Lucia et lui feront un ménage charmant.

— Quoi, il s'est déjà élevé des querelles entre eux?... dit Lolotte, cherchant à retenir un sourire de satisfaction.

— Oh! des riens, des reproches de la part de la jeune femme, exigeante comme vous êtes toutes, mesdames, qui ne voulez pas que vos maris prennent la moindre distraction sans vous.

— Mais, rien de plus juste, car enfin, entre époux, il me semble que plaisirs et peines tout doit être commun.

— Allons donc! mais il est du plus mauvais ton qu'un époux soit toujours avec sa femme, répond Briolet à l'observation; puis ajoutant : à propos, tu sais que Charles est brouillé de nouveau avec le père et la mère de sa femme?

— Non, en vérité!

— Rien de plus vrai, querelle d'intérêt;

oh ! c'est du sérieux, au sujet de la dot de Lucia, à qui mon cher oncle et ma chère tante avaient promis en mariage cent cinquante mille francs, et à qui ils n'en ont compté que la moitié, sous le prétexte de sonder la conduite de Charles avant de lui confier la totalité. Oui, c'est de l'invention de la tante Bernard, qui s'imagine que Charles n'a voulu épouser Lucia que pour sa dot.

— Madame Bernard a peut-être eu raison, car Charles, étant garçon, loin d'être prudent et économe, s'est empressé de dissiper une grande partie de sa modique fortune.

— En effet ! mais, mon gaillard, poussé par je ne sais quel mauvais vent, et sous prétexte que le peu de fonds qu'il possède paralyse son industrie et ses projets, s'est avisé de vouloir exiger en entier la dot de sa femme et de chicaner son beau-père. De là, reproche et emportement de la part de ma chère tante, très peu endurante lorsqu'on lui monte la tête et qui a envoyé promener son gendre.

— Au fait, il est mal à M. et madame Bernard de retenir une partie de la somme promise par eux, dit Lolotte ; puis, ses yeux venant à rencontrer la pendule : Briolet, mon ami, voici l'heure où j'attends le maréchal, je ne puis donc te retenir plus longtemps, reprend-elle.

— Ah ! je devine, ma présence pourrait donner de la jalousie à ce vieil habit brodé et te nuire dans son esprit infirme, c'est juste ! Je me retire et vais de ce pas faire ma visite à nos jeunes mariés ; adieu, Lolotte, au revoir... A propos ! ajoute le jeune homme en revenant sur ses pas, je t'en prie, Lolotte, viens donc passer une soirée chez madame Saint-Léger ; oh ! tu verras comme elle m'aime et quel beau couple nous faisons ensemble.

Puis, la jeune femme de promettre et Briolet de s'éloigner.

C'est vers la rue du Faubourg-Saint-Honoré et à la nouvelle demeure de Charles, qu'il porte de suite ses pas. Il arrive, Lucia est seule, c'est elle en l'absence de sa servante qui vient ouvrir la porte à son cousin.

— Bonjour, cousine!

Et en disant, le jeune homme remarque l'expession de tristesse empreinte sur les traits de la jeune femme.

— Bonjour, Briolet, sois le bienvenu.

Puis ensemble ils vont s'asseoir l'un près de l'autre dans un petit salon.

— Charles n'y est pas?

— Non, il est absent depuis le matin, répond Lucia.

— C'est juste, ce n'est pas le moment de le trouver, à cette heure, il est chaque jour à sa manufacture, observe Briolet.

— Non, il n'y est point aujourd'hui, des affaires l'ont retenu en ville.

— Qu'as-tu donc, ma bonne Lucia, tu me sembles triste, préoccupée?

— Rien, rien, mon ami, je t'assure, seulement l'impatience où je suis de voir rentrer mon mari.

— Qui souvent s'avise de te faire attendre son retour trop long-temps, n'est-ce pas, petite cousine?

— Pourquoi cette remarque ? dit Lucia avec surprise.

— Ah ! c'est que nous en savons quelque chose, d'après certain bruit qui court.

— Ces bruits sont faux, je te prie de le croire, Briolet, car mon mari ne s'absente uniquement que le temps nécessaire à ses occupations.

— Et à ses plaisirs, ajoute Briolet.

— Briolet, c'est mal ce que tu dis-là ; est-ce donc l'intention de me chagriner qui t'amène près de moi ? répond la jeune femme avec sévérité.

— Loin de moi cette pensée, ma chère petite, mais bien pour te faire un instant société et t'apporter quelques consolations.

— Des consolations ! exclame Lucia en fixant son cousin.

— Oui, car tu as beau t'en défendre, ma chérie, je sais que tu n'es pas tout-à-fait heureuse, que Charles ne se conduit pas à ton égard comme tu le mérites, qu'il te néglige enfin, pour courir s'amuser loin de toi avec le capitaine de Rinville.

— Tu es dans l'erreur, Briolet, mon mari ne me cause aucune peine et ne me délaisse nullement, ce sont des méchans qui t'ont tenu ces mauvais propos, répond Lucia avec feu.

— Ces méchans, selon ton dire, ma chère, ne sont autres que ton père et ta mère.

— Qui boudent mon pauvre Charles, et s'imaginent qu'il me rend malheureuse, qu'il me délaisse lorsque ses affaires seules sont capables de l'éloigner de sa femme.

— Ses affaires ! ses affaires ! fait le jeune homme avec incrédulité.

— Oui, monsieur, ses affaires, car vous saurez que Charles s'occupe en ce moment d'un projet des plus importans, celui de monter une fabrique, dont il sera le propriétaire.

— A quoi bon une fabrique, se mettre dans le tracas des affaires commerciales, lorsque, comme vous, on espère trente mille francs de rente? dit Briolet.

— Parce que Charles, homme actif et adroit, prétend avec juste raison qu'il est trop jeune pour rester dans l'inactivité.

— Fort bien! mais que ne reste-t-il alors attaché à la manufacture de M. Bournon, où sans inquiétude, sans crainte d'éprouver de ces pertes si fréquentes dans le commerce, il touche de fort beaux appointemens?

— Il prétend aussi que cette place absorbe tout son temps, le tient captif et trop éloigné long-temps de moi.

— Oui, oui; oh! je conçois que, lorsque comme lui on est l'époux de l'héritière d'une belle fortune, l'on rougisse d'être en sous-ordre et que l'on veuille s'émanciper.

— En vérité, Briolet, je remarque avec peine et surprise que toutes vos observations sont empreintes d'une teinte d'ironie et de méchanceté, dit Lucia avec l'accent du reproche.

— Pardonne, petite cousine, mais dans ton intérêt, j'ai une peur diabolique que ton mari ne fasse des sottises, qu'il ne te rende pas enfin aussi heureuse que tu mérites de l'être.

— Eh! monsieur, bien mal avisés ceux qui, par leurs propos, vous ont fourré ces craintes dans la tête; je vous le répète et veuillez le leur répéter de même, j'aime Charles, j'en suis tendrement aimé, il me rend heureuse, très heureuse, tant enfin ! que chaque heure, chaque jour, je remercie le ciel de m'avoir uni à lui.

— Alors, tant mieux! tant mieux! ma petite Lucia, et je te promets, ainsi que tu m'y engages, de reporter ces paroles au cher oncle, ainsi qu'à son entêtée de femme, qui ne cesse de médire sur ce bon Charles! Ha çà, pas de rancune, Lucia, termine Briolet en présentant sa main à la jeune femme.

— Je m'en garderai bien, répond Lucia, en donnant la sienne à presser.

— Ma chérie, ton mari se fait trop attendre, je me vois forcé de partir sans l'avoir vu, car tu sauras, Lucia, qu'une femme charmante, qui ne peut exister un instant sans moi, m'attend chez elle avec la plus vive impatience.

— Heureux mortel! une conquête nouvelle? dit Lucia en s'efforçant de sourire.

— Comme tu dis, une veuve adorable, jeune encore, belle encore, et riche comme un Crésus, dont je convoite de très près la main, la beauté, la fortune.

— Fort bien ! en ce cas, mon cher cousin, je forme des vœux pour que l'amour te soit prospère.

Quelques mots encore et Briolet s'éloigna après avoir embrassé sa cousine et lui avoir promis une visite prochaine.

Restée seule, Lucia tombe aussitôt dans une profonde rêverie, qu'elle n'interrompt que pour aller se placer à sa fenêtre, et jeter un regard dans la rue ; puis en soupirant, elle vient reprendre sa place et la broderie que ses doigts jolis confectionnent. Il était six heures du soir alors et depuis trois l'absence de Charles avait dépassé l'instant promis par lui pour son retour. Sept heures, puis huit.

— Hélas ! toujours le même, sans cesse me faire attendre ! murmure Lucia en essuyant une larme prête à déborder sa paupière.

— Madame ne dîne pas?... fait entendre sa servante en ouvrant la porte.

— Non, j'attends mon mari; vous savez bien, Marie, que je ne me mets pas à table sans lui.

— Aussi, madame, mangez-vous sans cesse un dîner réchauffé, détestable, et qui porte préjudice à mon talent...

— C'est bien! assez, Marie, laissez-moi.

Et la cuisinière s'éloigne en bougonnant.

Dix heures. — Il arrive enfin!

— Charles, d'où viens-tu? Hélas! comme tu es resté long-temps loin de ta femme.

— Ne gronde pas, ma chérie, répond Charles en entourant Lucia de ses bras, en lui donnant deux baisers; non, ne me gronde pas, car je n'ai pas perdu un instant depuis que je t'ai quittée; de Rinville et moi, arrivons de Nanterre, où nous avons été visiter ensemble, les bâtimens que je désire acheter pour établir les métiers de notre fabrique, ce qui a exigé de notre part beaucoup de fatigue et de temps.

— Charles, ce n'est pas là ce que tu devais faire aujourd'hui! observe la jeune femme avec douceur.

— Non, je t'avais promis de me rendre à la manufacture, c'est vrai ; mais notre cher capitaine m'a fait observer très judicieusement que mes intérêts devaient passer avant ceux de M. Bournon, qu'il était prudent, puisque mon intention était de m'établir et de donner ma démission de la place que je remplis en ce moment, de m'occuper au plus vite d'élever ma fabrique.

— Puisses-tu avoir bien fait, mon ami; tiens, lis cette lettre que M. Bournon t'adresse, que j'ai reçu pour toi dans la journée. Lis, et tu sauras, que le premier, il te remercie de tes services, ne pouvant plus, dit-il, confier la direction de sa manufacture à un homme qui, depuis deux mois, est sans cesse absent des lieux où son devoir exige sa présence.

— L'insolent !... exclame Charles après avoir pris connaissance de la lettre qu'il froisse avec dépit dans ses mains. Ce coup part encore de ta mère, dont la haine ne cesse de me poursuivre, ajoute le jeune homme; oui, elle aura vu M. Bournon, lui aura étourdi les oreilles de ses plaintes éternelles autant qu'injustes !

— Ah ! Charles, quelle vilaine pensée, peux-tu croire que ma mère soit capable d'une pareille action ?

— De sa haine je dois tout attendre, reprend Charles, avec colère.

— Je ne sais, mon ami, qui te met de telles idées en tête, et t'excite ainsi contre ma pauvre mère, qui ne demande pas mieux que de t'aimer, si tu voulais te conduire envers elle, avec moins d'aigreur et d'indifférence; enfin, si tu ne lui interdisais pas la présence de sa fille.

— Toi, aller la voir, oh ! jamais, je n'ai point envie, que par sa médisance, ses mauvais conseils, elle me fasse un ennemi de ma femme et me ravisse son cœur.

— Mon Dieu! que tu es injuste, Charles, et que tu me fais de chagrin! dit la jeune femme en pleurant.

— Allons, ne pleure pas ainsi, ma Lucia; car, ma chère et tendre amie, je t'aime trop pour prétendre te faire le moindre chagrin. Attends, attends, et une fois notre établissement fondé, tu verras comme ton petit mari te rendra heureuse, comme sans cesse près de toi il t'entourera de soins et de prévenances.

— Dis-tu vrai, mon Charles, et cette nouvelle promesse tiendra-t-elle mieux que toutes celles que tu m'as faites jusqu'à ce jour?

— J'en jure par Dieu et par l'amour extrême que tu m'inspires, ma douce Lucia; quant à cette place dont me prive aujourd'hui, brutalement, ce cher M. Bournon, eh bien! tant mieux, car il était pour moi des plus pénible de mener avec les miennes, les affaires d'un autre.

— Charles, puisque tu es si gentil ce soir, je vais t'apprendre quelque chose qui m'a fait un bien doux plaisir.

— Bah! voyons, ma Lucia chérie, conte-moi cela.

Et les deux époux de s'enlacer dans les bras l'un de l'autre.

— Mon bon père est venu me voir ce matin, en cachette de maman, dit la jeune femme à l'oreille de son époux, sur laquelle elle dépose ensuite une caresse.

— Ah! ah! vraiment, j'en suis bien aise, car c'est un brave homme que j'aime de tout mon cœur. Ah ça, de quoi avez-vous causé?

— De toi, de nos affaires, il m'a d'abord demandé comment tu te conduisais avec moi...

— Et que lui as-tu répondu?...

— Que tu m'aimais toujours, que j'étais la plus heureuse des femmes, et que tout ce qu'on disait de mal sur ton compte, n'était que mensonge et imposture...

— Tu as bien fait, Lucia, une femme honnête doit soutenir son mari.

— A cette réponse, si tu savais comme la joie brilla subitement dans ses yeux.

— Je le crois bien ; mais lui as-tu touché quelques mots de ta dot.

— Non, le bonheur de le voir a chassé de ma tête tout souvenir d'intérêt.

— Diable! mais tu as eu tort, ma chère amie, car en ce moment, le complément de cette somme serait dès plus utile, il me faut tant de fonds, pour établir cette fabrique, que si tes parens ne consentent à nous en fournir, je me verrai dans la nécessité d'en emprunter à gros intérêts.

— Emprunter! ô ciel!

— Quoi, cela t'effraie, enfant?

— Beaucoup, Charles, car en devant de l'argent, il me semble que nous ne serons plus maîtres de faire nos volontés, et puis, si nous ne pouvions restituer cet emprunt?...

— Bah! ne crains rien, tout ira pour le mieux, j'espère qu'en peu de temps, les bénéfices de notre fabrique liquideront notre dette. Cependant, ajoute Charles, le mieux serait que ton père, en arrière de sa femme, te complétât la dot qu'il t'a promise, et s'acquittât par ce moyen d'une dette d'honneur.

— Une dette d'honneur! fait Lucia avec surprise.

— Certainement, ma chère, car, chose promise, chose due, et si j'ai sottement consenti aux volontés de ta mère, que le contrat enfin ne se fit qu'après le mariage, c'est que je me fiais à la probité de tes parens, et craignais qu'un refus de ma part ne me ravit ta possession.

— Tu as bien fait, Charles, de te fier à leur parole; car ils la tiendront, mon ami, chose qui déjà se serait effectuée, sans les vilains bruits qui, sur ton compte, sont venus à leurs oreilles.

— Cependant, de quoi suis-je coupable? de quelques absences que nécessitent mes affaires, voilà tout! et si ma petite femme, dans ses momens de dépit, ne s'était pas plaint un peu plus que la chose ne le méritait, les chers parens ne seraient pas furieux contre moi.

— Méchant! qui m'accuse d'un mal dont

je suis innocente, moi, qui ne cesse de vanter sa tendresse, ses bons procédés à mon égard.

— Madame dîne-t-elle? vient une seconde fois s'informer la servante.

— Quoi! tu n'as pas encore dîné, Lucia?...

— Non, mon ami, je t'attendais.

— Quelle folie! servez, Marie.

— Tu dînes aussi, n'est-ce pas, Charles?

— Non, j'ai dîné à Nanterre.

— Alors, je n'ai plus faim. Desservez, Marie.

Et le mari engage sa femme à prendre quelque nourriture, mais Lucia refuse.

— Causons, cela vaudra bien mieux, j'ai tant de plaisir à t'entendre, mon Charles!

— Chère Lucia, que tu es bonne et digne d'être adorée! répond l'époux en caressant sa jeune femme.

— Mon ami, est-ce que tu sors encore demain?

— Sans doute! et mes affaires.

— Charles, emmène-moi avec toi.

— Impossible ! y penses-tu, moi, qui ai cent courses à faire.

— Hélas ! toujours un refus, dit Lucia en soupirant.

— Allons, enfant, ne t'affliges pas, je reviendrai pour dîner avec toi et te conduire ensuite à l'Opéra.

— Vraiment ! et tu me tiendras parole !

— Je te le jure.

— Alors, je te crois et m'habillerai d'avance, afin de ne point te faire attendre.

— Et moi, en revenant, je m'assurerai de deux places dans une loge.

Lucia, ravie de cette promesse, laisse éclater son transport par mille caresses, oublie en face une espérance de bonheur, tout le chagrin essuyé par elle depuis deux mois, et causé par l'abandon de son époux.

CHAPITRE VII.

CONSPIRATION.

— C'est vous, capitaine, aussi matin chez moi ?

— Oui, gentille Lolotte, le besoin de m'entretenir avec ma jolie alliée m'amène ce jour près d'elle.

— Soyez donc le bienvenu et déjeûnons ensemble.

— Soit, avec une femme charmante, cette faveur est des plus précieuses.

— Eh bien ! que de nouveau chez nos tendres époux ? demande Lolotte, en appuyant avec ironie sur ces derniers mots.

— Que voilà le moment arrivé, où pour la réussite complète de nos projets, je vais avoir besoin de tout votre aide et de la puissance de vos charmes.

— Disposez, capitaine, je suis prête à obéir à mon chef; parlez, car pour mieux agir, j'ai eu soin de me corroborer d'un surcroît de haine pour ce couple perfide.

— Superbes dispositions ! fait de Rinville en riant.

— Ah çà, à quoi en êtes-vous avec votre belle Lucia ?

— Moins avancé que jamais, la petite prude commence à s'effrayer de mes caresses, qu'elle trouve un peu plus qu'amicales, et menace de se plaindre à son époux du surcroît d'intérêt que j'essaie à lui témoigner.

— Cela ne m'étonne pas, mon cher, vous êtes trop vieux pour jouer le séducteur près d'une femme de dix-huit ans, et je crains fort, que vous n'échouiez dans vos désirs de représailles envers Charles.

— Oui, je commence depuis quelques jours à m'apercevoir de la justesse de vos remarques caustiques, aussi, faisant une noble abnégation de mes prétentions libertines sur la chaste colombe que je convoitais d'un regard amoureux, ai-je conçu un autre plan, aussi infaillible que généreux de ma part.

— Quoi, renoncez-vous à rendre à Charles l'insulte que vous en avez reçu, ferez-vous grâce à son épouse lorsqu'il a séduit la vôtre? fait entendre Lolotte avec surprise et crainte.

— Non pas! loin de moi cette niaise générosité, il faut que sa femme succombe, il le faut!... mais, forcé par l'âge et l'antipathie que la jeune femme me témoigne, de renoncer à exercer moi-même cette vengeance digne des dieux ; je prétends en charger un autre non moins amoureux, mais plus jeune, me réservant seulement la tâche de jeter dans le ménage la pomme de discorde et de compliquer la ruine du mari.

— Très bien ! le projet est adroit, mais après entière réussite, n'allez pas oublier que vous m'avez promis de faire grâce de la vie à votre ennemi abattu, dont je me charge, faible que je suis, d'essuyer les pleurs, si je le retrouve encore digne de mon indulgence et de mon pardon ; souvenez-vous aussi, de Rinville, que ce n'est qu'à cette condition que je me fais votre auxiliaire. Maintenant, ajoute la jeune femme, apprenez-moi où vous espérez trouver le mortel que vous prétendez charger de cette douce représaille ?

— Cet heureux mortel n'est autre qu'Edouard Morisson, répond le capitaine.

— Comment, l'amant dédaigné de Lucia ?

— Lui-même, qui en deviendra, grâce à ma baguette magique, l'amant adoré. Cependant, ma chère, n'allez pas vous imaginer que je renonce moi-même entièrement à posséder un jour dans mes bras, cette divine beauté, non pas! j'espère fort que le jeune homme applanira, pour son auguste maître, toutes les difficultés de la résistance morale.

— Ah! je vous comprends, une fois Lucia éprise de l'amant, vous faites en sorte d'avoir en vos mains des preuves de sa faiblesse, et vous lui faites payer d'un peu de complaisance, envers votre personne, le silence de son infidélité conjugale.

— Mais, à peu près, répond de Rinville.

— Très bien! Maintenant à quoi en sont les choses, expliquez ce que vous attendez de moi?

— Depuis son mariage, je me suis, vous le savez, appliqué à m'emparer du caractère de Charles, pâte molle, que je pétris à ma guise, et déjà, cet empire que j'exerce sur lui, m'a servi à l'isoler le plus souvent de sa jeune épouse, à l'enferrer dans une fausse spéculation, une espèce de fabrique, où le pauvre diable engloutira avant six mois, tout ce qu'il possède; plus encore, par mes conseils, à le mettre à couteau tiré avec la respectable madame Bernard, à l'entraîner loin de Lucia, dans certaines maisons où le luxe, l'affabilité des maîtres, l'abondance des plaisirs et des femmes mondaines, cachent le précipice où vous entraîne le jeu d'enfer qu'on y joue chaque soir...

— A ces détails, je reconnais sans peine, les salons de madame St-Didier.

— Vous l'avez nommé; oui, ma chère, chez cette femme aussi gracieuse que perfide, qui, le sourire de la bienveillance sur les lèvres, vous ouvre sa maison, vous comble de prévenances, de mots flatteurs, afin de mieux vous attirer dans le gouffre qu'elle couvre de fleurs.

— Oui, lieux funestes, où l'honneur autant que la bourse se trouvent compromis, dit Lolotte.

— Où j'espère anéantir l'un et l'autre

chez le malheureux dont j'ai juré la perte. Mais comme ce n'est pas assez de sa ruine, et que pauvre, il peut être cher encore à sa chaste moitié, il est utile d'éveiller tout de suite la jalousie de la dame, d'exciter sa colère conjugale afin de la détacher de son mari, et cela, en lançant Charles dans une intrigue amoureuse en procurant à son épouse, des preuves convaincantes de son inconstance.

— Fort bien, le moyen est infaillible ?

— D'autant plus, répond de Rinville, que le cher Edouard profitera du dépit de la dame pour faire brèche à son cœur et s'emparer de la place.

— Cet Edouard est-il bien l'homme qu'il nous faut? on le dit d'une sagesse, d'une vertu désespérante. Un être pareil, ne reculera-t-il pas devant la tâche de séduire la femme d'un autre ?

— Bah! crainte puérile, notre jeune homme toujours amoureux, ne peut, dit-on, malgré sa philosophie, se consoler de la perte de Lucia. Il ne sagit donc, pour faire tomber ce sage dans le péché, que de lui en faciliter l'occasion, ce dont je me charge aussi bien, que de lui conseiller moins d'amour de cervelle, mais plus de goût pour les plaisirs, qu'il sache que la femme la plus sage, la plus sévère, apprécie parfaitement, sans s'en rendre compte, ces deux mobiles, et qu'elle est pour le dernier d'une indulgence, pour ne pas dire d'un goût décidé, car le premier la flatte, le second l'émeut, l'un exalte, l'autre énivre.

— Alors, du moment que vous vous en chargerez, capitaine, je ne désespère plus de la démoralisation de ce Caton en herbe; mais, apprenez-moi de grâce, maintenant, quelle est la syrène chargée par vous de jouer le même rôle près du mari?

— Quoi, vous n'avez pas encore deviné?

— Non, en vérité!

— Parbleu! qu'elle autre que vous peut mieux remplir cet emploi.

— Moi! y pensez-vous ? répond Lolotte avec surprise.

— Certainement, vous-même dont les charmes n'ont fait qu'augmenter depuis que Charles ne vous a vu, vous, dont la présence enchanteresse va réveiller en son cœur une ancienne passion, vous enfin, qui, ce soir même, vous mêlerez parmi la foule des jolies femmes qui encombrent les salons de la Saint-Didier, et les effacerez toutes en beauté, et parmi lesquelles votre ancien amant vous retrouvera avec ivresse et surprise.

— J'accepte! fait Lolotte, avec résolution.

— Très bien! mais surtout vendez cher votre défaite, qu'elle soit le prix d'une longue attente, d'une longue assiduité près de vos charmes; et de nombreux sacrifices, seul moyen de bien atteindre notre but et de désespérer Lucia, qui fatiguée de l'indifférence, de l'abandon de son volage époux, finira par prêter une oreille attentive aux tendres discours de l'amant.

— Rapportez-vous-en à ma coquetterie de femme, à mon désir de vengeance envers un perfide.

— A ce soir donc, chez la Saint-Didier, où je me charge de conduire notre victime.

— A ce soir, répond la jeune femme; puis quelques instans encore d'entretien après le déjeûner, et tous deux se séparent.

C'est vers le quartier habité par Charles, et dans un café situé non loin de la demeure de ce dernier, que vient se rendre le capitaine après sa sortie de chez Lolotte. Une demi-heure d'attente, et l'époux de Lucia vient se joindre à lui.

— Allons donc! lambin, fait de Rinville, en apercevant le jeune homme, et jettant de côté le journal qu'il tenait en ce moment.

— Pardon, mille fois pardon, cher capitaine, car, malgré le désir de ne point vous faire attendre, il m'a fallu combattre longtemps la répugnance que manifestait ma femme à me voir s'éloigner d'elle.

— Comment ! cette chère amie ne veut donc pas devenir plus raisonnable ! Et vous, mon cher, ne pouvez-vous, une bonne fois pour toutes, lui faire comprendre qu'un homme, qui a sa fortune à faire, un établissement considérable à former, ne peut user un temps précieux à tenir compagnie à sa femme, toute jolie et gracieuse qu'elle soit ?

— Ce que j'essaie chaque jour fort inutilement, sans la rendre pour cela moins exigeante, mais que voulez-vous ? elle m'aime tant cette bonne Lucia; et puis, vous avouerez avec moi, capitaine, que ma femme n'a pas tort de se plaindre, car, grâce à vous, je la néglige beaucoup trop depuis quelque temps.

— Grâce à moi ! répond de Rinville en feignant la surprise.

— Certainement, et cela sans reproche, car ne m'entraînez-vous pas sans cesse où le plaisir réclame notre présence, aux promenades, aux spectacles, aux soirées de madame Saint-Didier, maison charmante à la vérité, mais où, avant-hier soir, j'ai eu de nouveau la sottise de jouer et de perdre quinze cents francs avec ce fat de Saint-Pol, que je ne tiens pas quitte de ma revanche.

— Que je vous conseille d'exiger ce soir même.

— Ce soir, non, impossible, car, j'ai promis à ma femme de la conduire à l'Opéra, et pour tout au monde je ne voudrais pas lui manquer de parole.

— Superbe sentiment, fait de Rinville, en souriant avec ironie. Puis reprenant : A demain donc la partie, mon cher. Quant à ce jour, il est utile, je pense, de le passer ensemble, à visiter, au village de Billancourt, ces bâtimens dont on nous a parlé dernièrement, et qu'on dit si propices à l'entreprise que vous projetez.

— Volontiers; allons à Billancourt, d'autant plus que j'ai hâte de monter cette fabrique, et que, grâce à un mouvement d'humeur de la part du manufacturier Bournon, qui vient de remercier mes services, je puis désormais m'occuper entièrement de mes propres affaires.

— Quoi, Bournon s'est privé d'un homme tel que vous, du soutien de sa maison? fait de Rinville, avec une feinte surprise.

— Oui, une lettre de sa main m'annonça hier que l'emploi que j'occupais dans sa manufacture ne pouvant supporter mes fréquentes absences, il se voyait dans la nécessité de le confier à un autre plus exact que moi.

— Le maladroit, exclame le capitaine.

— Que voulez-vous? il n'a fait que prévenir ma démission de quelques jours. Mais laissons cela, et dites-moi, mon cher ami, si vous avez revu ce banquier, qui, à votre recommandation, consent à me prêter cette somme de cinquante mille francs.

— Ce matin même. Notre homme est toujours dans les mêmes dispositions qu'il vous a témoignées; seulement il y aura un retard...

— Un retard! interrompt Charles vivement, en fixant le capitaine.

— Oui, une rentrée de fonds sur laquelle il comptait, et qui ne s'opérera que dans deux mois. Il m'a chargé de vous tranquilliser, de vous assurer qu'en faveur d'aucun autre que vous, il ne disposera de cet argent.

— Fort bien; mais ces métiers commandés par moi, ces marchandises que j'attends d'un moment à l'autre, comment les payer sans cette somme sur laquelle je comptais en toute assurance? dit Charles avec agitation.

— Parbleu! mon cher, avec les fonds que vous avez en main.

— Ils ne suffiront pas.

— Eh bien! vous ferez des réglemens à trois mois de date, ce qui arrive chaque jour dans le commerce. Allons, point d'inquiétude, marchez avec audace : du crédit, mon cher, tel est le moyen de brusquer la fortune, de s'en rendre maître sans risquer de compromettre son propre avoir.

— Au moins, vous êtes certain, de Rinville, que ce banquier ne manquera point à sa parole.

— Je vous en réponds comme de la mienne.

En parlant ainsi, ils roulaient vers le village de Billancourt, situé non loin d'Auteuil, et sur la route de Paris à Sèvres.

Ils arrivent, visitent les bâtimens en question. Ils sont vastes, solides, et conviennent parfaitement au genre d'exploitation auquel Charles prétend les destiner; aussi verra-t-il le propriétaire, afin de traiter avec lui de cette location. Deux heures passées à parcourir cette immense maison, à prendre connaissance de ses êtres, à discuter sur le genre de distribution nécessaire pour transformer le tout en fabrique; puis les deux amis, engagés par un temps superbe, de se remettre pédestrement en route, avec l'intention de traverser le bois de Boulogne.

— Surtout, capitaine, gardez-vous de dépersuader ma femme sur nos prétendus voyages à Nanterre, et, lorsqu'elle s'informera de la raison qui me fait préférer cette maison de Billancourt à celle que je suis censé avoir été visiter si souvent au pays de la patronne de Paris, dites, ainsi que moi, que la proximité de la capitale m'a fait donner la préférence à celle que nous venons de voir.

— Comptez sur ma prudence comme sur ma discrétion, répond de Rinville.

— Pauvre Lucia! si elle apprenait que tous ses prétendus voyages ne sont qu'un faux prétexte, afin de légitimer à ses yeux mes fréquentes absences.

— Oui, afin de donner un emploi au temps que nous sacrifions aux plaisirs, dit le capitaine.

—De Rinville, c'est vous qui me perdez, mon ami, qui me faites négliger ma femme, ma bonne Lucia.

— Je conviens que votre reproche n'est pas sans justesse; mais, mon cher Charles, prenez-vous-en à l'extrême amitié que je sens pour vous, et qui fait que, sans votre société, il n'est nul plaisir pour moi.

— De mon côté, il en est de même à votre égard; à un tel point enfin, mon cher de Rinville, qu'il m'est impossible de résister à l'empire que vous exercez sur moi. Cependant vous devriez être plus raisonnable, et, en cessant de m'entraîner dans mille plaisirs coupables, me faire sentir tout le tort de ma conduite, combien il est odieux à moi de délaisser sans cesse une femme vertueuse, et qui m'aime à l'adoration.

— Oui, je conviens que votre charmante Lucia a pour vous tous les sentimens que vous lui attribuez; mais peut-être serait-elle encore plus aimable, si, afin de moins lui faire sentir la solitude où vous la laissez fréquemment, vous l'entouriez de quelques sociétés amicales.

— Ne savez-vous pas que, grâce à ma chère belle-mère, toutes nos connaissances nous ont fui?

— D'accord! mais on en fait d'autres.

— Le choix est très difficile, et je suis trop occupé pour m'en occuper en cet instant. Mais patience! grâce à ma fabrique, aux soins, à la surveillance qu'elle exigera de ma part, Lucia aura tout le temps de me voir et de me posséder près d'elle.

— Quel est ce village? demande de Rinville.

— Auteuil, ne le reconnaissez-vous pas?

— Maintenant, oui, mais je ne m'en croyais pas aussi près. Si nous profitions du voisinage pour faire une visite à monsieur Morisson, vous la lui devez, mon cher.

— Je sais que souvent il m'y a engagé, que lui-même m'a fait quelques visites dans le commencement de mon mariage, et cependant je n'ai jamais osé me familiariser avec cet homme; ses anciennes prétentions sur Lucia, sa réputation de sagesse et de sévérité, m'intimident, me gênent en sa présence, et me font peu désirer, enfin, de répondre à l'amitié, à l'intérêt qu'il me témoigne.

— Sottise de votre part, Charles, car Édouard Morisson a depuis long-temps oublié votre femme, pour se vouer à d'autre amour.

— Vous croyez ?

— J'en suis certain, et connais beaucoup l'objet de sa nouvelle flamme ; s'il en était autrement, si ce jeune Caton conservait encore pour Lucia quelque chose qui ressemblât à de l'amour; croyez-vous donc que bien accueillis par vous, et chez vous, plus, que témoin de vos fréquentes sorties, Édouard donc n'aurait pas continué ses visites à la dame, en l'absence du mari ?

— Sans doute! fait Charles.

— Or donc, mon cher, croyez-moi, n'ayant rien à craindre sous le rapport de l'honneur, de la fréquentation d'un honnête homme, ne vous privez pas de sa société, songez en plus, que Morisson est riche, généreux, aimé de madame Bernard, votre très honorée belle-mère, près de qui il peut, avec succès, plaider votre cause ; et, que dans votre position gênée, il peut vous être de la plus grande utilité. Aussi, gardons-nous de laisser échapper l'occasion qui nous amène près de sa demeure, sans lui faire notre visite.

— Allons donc ! puisque votre avis est tel ; répond Charles en suivant le capitaine.

La jolie propriété d'Édouard, est située rue de Molière, la maison, petite mais commode, est placée au milieu d'un charmant jardin, que le jeune homme ne dédaigne pas de cultiver de ses propres mains, et où brillent avec éclat, les fleurs les plus belles et les plus variées. C'est au milieu de ce parterre multicolore et embaumé, qu'à leur arrivée, de Rinville et Charles sont reçus par Édouard, avec autant de grâce que d'aménité.

— Nous n'avons pu nous décider à passer si près de cette demeure, mon cher monsieur Morisson, sans venir nous informer de la santé de l'aimable solitaire qui l'habite, fait entendre le capitaine, en essayant de prendre la main d'Édouard, que ce dernier présente seulement à Charles, en le félicitant sur sa bien-venue.

— Oui, je viens à vous, monsieur Morisson, pour me plaindre de votre rare présence chez moi, où depuis deux mois on est privé de vos aimables visites.

— J'avoue ma coupable négligence, monsieur Dormer; mais, cependant, convient-il de persister à fréquenter les gens qui semblent nous fuir, répond Édouard.

— Vous fuir, monsieur! exclame Charles avec surprise.

— Souvent, je me suis présenté chez vous, sans jamais avoir l'avantage de vous y rencontrer; sans cesse votre concierge m'annonçait votre absence.

— Il est vrai que les affaires de ce cher Charles l'ont souvent retenu hors de chez lui, observe de Rinville, qui, malgré la froideur que lui témoigne Morisson, n'est pas fâché de se mêler à la conversation.

— Votre excuse n'est recevable qu'à demi, monsieur, car si le mari était absent, a femme était au logis, et Lucia eût été enchantée de votre visite, dit Charles.

— Je me plais à le croire, monsieur, et me serais estimé heureux de lui présenter mes salutations, mais en reportant un souvenir sur le passé, j'ai craint qu'une visite à votre dame ne vous semblât indiscrète de ma part.

— Par exemple! est-ce d'une personne telle que vous, monsieur, dont on doit suspecter l'honneur et les démarches? Non, non! venez sans crainte près de Lucia, près de moi, devenez notre ami à tous deux, ainsi que vous nous l'avez promis, et nous nous estimerons heureux.

—Merci de cette confiance flatteuse, monsieur, mais vous me permettrez de n'user de votre aimable invitation, que d'autant que nos visites seront mutuelles, répond Édouard.

— Regardez-moi donc, dès ce jour, comme le commensal de votre maison, et de plus, comme votre futur voisin.

Puis Charles d'expliquer ses projets d'établissemens, son désir de fonder sa fabrique dans les bâtimens que lui et le capitaine viennent de visiter à Billancourt. Et c'est après avoir écouté, qu'Édouard fait entendre de sages conseils à l'époux de Lucia, ainsi que les vœux qu'il forme pour la prospérité de son entreprise. Encore un long laps d'entretien auquel s'est beaucoup mêlé de Rinville, qui, à force de bons et sages avis adressés à Charles, a fini par dérider à son égard, le front d'Édouard. Quatre heures qui viennent de sonner à la pendule du salon, où le maître du logis a introduit ses visiteurs, peu après leur arrivée. Quatre heures donc, et c'est en vain que Morisson cherche à retenir Charles et de Rinville à dîner, impossible! car ce premier se souvient et fait entendre qu'il a promis à sa femme de la conduire au spectacle, qu'elle l'attend en cet espoir, et qu'il y auaurait cruauté à lui manquer de parole. Cet excuse est trop juste, trop légitime, pour que Morisson ose insister d'avantage; partie remise donc, puis on se sépare avec promesse de se revoir bientôt.

— Au fait! j'étais un grand sot de m'éloigner ainsi de cet excellent homme.

— Dont la connaissance vous sera plus utile que vous ne le pensez, répond de Rinville à l'observation que Charles vient de faire entendre d'un ton joyeux.

— Certainement, car j'espère d'abord qu'il me reconciliera avec ma belle-mère.

— Qu'il la décidera facilement à compléter la dot, ce qui vous sera, mon cher, d'un grand secours dans vos entreprises.

— Combien je vous sais gré, mon bon capitaine, de m'avoir forcé à faire cette visite.

— Qui vous portera bonheur et profit autant sans doute qu'il ma fallu de patience dans son cours, pour endurer de sang-froid la mine dédaigneuse que me faisait cet Edouard.

— Soyons juste, capitaine, et convenons que si son air fut d'abord sévère à votre égard, qu'il s'est facilement adouci au son de votre langage hypocrite.

— Ne fallait-il pas, dans votre intérêt, détruire chez notre jeune sage, toutes mauvaises impressions appliquées par la chère dame Bernard sur votre compte, comme sur le mien?

— C'est juste! car la bonne femme ne nous ménage guère, dit-on.

— Vous, en qualité de gendre rebelle, moi, comme complice dans vos fréquentes distractions.

— Ah ça, mon cher de Rinville, vous m'accompagnez, j'espère, jusque chez moi, où nous dînerons ensemble?

— Impossible!

— Pourquoi?

— Parce qu'une affaire importante m'appelle chez madame Saint-Didier.

— Ah! je devine, une jolie femme, ou une revanche au jeu.

— L'une et l'autre.

— Faites-en le sacrifice à mon amitié.

— De la revanche, oui, mais de la jolie

femme, non, la galanterie s'y oppose.

— Quelle est donc cette beauté?

— Une perfection de votre connaissance.

— En vérité, son nom?

— Il m'est défendu de vous le dire.

— Serait-ce vrai? capitaine, vous piquez ma curiosité.

— De plus, il n'existe entre cette femme charmante et moi d'autre rapport que celui de l'amitié, son cœur, ce dont j'enrage, étant tout à un autre.

— Quoi! pas d'amour entre vous; alors, capitaine, vous dînez chez moi, car l'amitié vous excusera facilement près de cette femme jolie, d'un léger manque de paroles.

— Je ne puis, ayant promis de lui porter, ce soir même, des nouvelles de celui qu'elle aime.

— Vous avez donc vu ce matin cet heureux mortel!

— Plus, j'ai passé la journée avec lui, et lui tient le bras en ce moment.

— C'est donc moi, dont il s'agit?.....

— Vous-même, mon cher Charles.

— De Rinville, vous vous moquez, mon ami; dit le jeune homme en s'arrêtant et fixant le capitaine.

— Rien de plus vrai.

— Quoi, c'est moi que cette femme aime?

— Depuis long-temps, répond de Rinville avec sang-froid.

— Mais qui est-elle, comment se nomme-t-elle, et d'où me connait-elle?

— Voilà trois questions auxquelles il m'est défendu de répondre.

— Elle est jolie, dites-vous?

— Plus, adorable.

— Sa position?..

— Brillante!

— Son âge?...

— Pas encore dix-neuf ans.

— De grâce! son nom?...

— Impossible!

— Je la connais?

— Oui.

— Capitaine, vous raillez; c'est sûr.

— Pas le moins du monde, au surplus, facile à vous de s'en convaincre.

— Comment cela ?...

— En m'accompagnant chez madame Saint-Didier, où, en ce moment et avec impatience, m'attend cette beauté ravissante qui doit y passer la soirée.

— Vous accompagner, impossible, et ma femme, et l'Opéra.

— Remettez ce spectacle et venez avec moi passer la plus ravissante des soirées.

— Non pas! cette bonne Lucia qui m'attend.

— Ne passe-t-elle pas sa vie à cela, or donc! une fois de plus ou de moins ne lui semblera nullement étrange.

— N'importe! mais aujourd'hui je serai ferme et résisterai à vos séductions.

— A votre aise, mon cher; ainsi, voilà votre chemin et voici le mien, à demain donc, car je me rends en hâte où les grâces et la beauté m'appellent, dit de Rinville étant arrivé avec son compagnon sur la place Louis XV, et quittant le bras de Charles.

— Allons, mon cher, un effort, je vous en prie en faveur de notre intimité, dites-moi le nom de cette femme.

— Encore une fois, ce nom est un secret, confié à ma discrétion, mais s'il m'est défendu de vous le faire entendre, permis à vous de venir le lire sur les traits de celle qui le porte, d'autant plus qu'il n'est que cinq heures, que vous dînez à six, et qu'il vous reste une heure encore de liberté.

— Oui, c'est plus de temps qu'il ne m'en faut pour courir satisfaire ma curiosité; mais, capitaine, jurez-moi sur l'honneur de ne pas me retenir.

— Je vous le promets, liberté entière.

— Courons donc alors! répond Charles, et tous deux s'élancent dans un cabriolet qui bientôt les dépose à la porte de madame St-Didier.

Il y a dans ce lieu, table d'hôte à six heures; aussi, déjà nombreux convives sont-ils assemblés au salon où ils attendent l'instant de passer à la salle à manger.

Des hommes et des femmes de tous

âges, à la mise luxueuse, aux manières libres, au ton tranchant, à la voix haute, quelques étrangers, des Anglais surtout, d'autres frisant la cinquantaine, se disant banquiers, agents de changes, négocians ou directeurs de telle ou telle société en prospérité. Plus, des jeunes gens, nouvelle France, parlant femme, chevaux, orgie, et cela à voix haute, en présence d'un cercle de femmes jeunes, mures, parées, coquettes, à qui l'un et l'autre de ces jeunes dandys aux regards insolens et libertins jettent, en allant et venant, quelques paroles plaisantes ou grossières. Enfin, tous personnages dont l'existence est un problême, de ces gens comme il y en eu tant, qui, sans état, revenus, ni fortune, trouvent le moyen de vivre avec luxe, aisance, plaisir, et qui prétendent, comme le dit spirituellement Figaro, que la fortune des sots est le patrimoine des gens d'esprit, ou des fripons. Ainsi se compose la société nombreuse dans laquelle de Rinville introduit Charles pour la troisième fois. A l'arrivée de ces derniers, madame Saint-Didier, grosse maman d'une trentaine d'années, assez fraîche et soi-disant veuve en secondes noces d'un officier supérieur, vient à leur rencontre, les reçoit le sourire sur les lèvres et les félicite sur leur bienvenue. Quelques tours dans le salon, puis monsieur de Saint-Pol qui accourt près de Charles, lui prend la main et la lui presse cordialement.

— Jamais, mon cher, vous n'avez mieux fait que de venir ce jour me réclamer votre revanche; parole d'honneur! vous me ruinerez ce soir; car, depuis ce matin, rien ne me réussit, une chance affreuse, en amour comme au jeu, me poursuit d'une manière impitoyable, dit le fat en se dandinant et ajustant sa cravate.

— Calmez vos craintes, monsieur, car mon intention n'est pas de tenter ce soir la fortune, ni de profiter de la fatalité dont vous vous plaignez, une affaire importante qui exige ce soir ma présence chez moi, me contraint à quitter cette maison dans quelques instans. Deux mots encore, et

Charles laissant monsieur de Saint-Pol, rejoint le capitaine qui s'est éloigné et qu'il retrouve dans l'embrasure d'une croisée en conversation avec une jeune et jolie femme.

— Lolotte! s'écrie Charles avec surprise en reconnaissant cette dernière.

— Oui, elle-même, et qui m'attendait en ce lieu ainsi que je vous le disais en venant, répond de Rinville.

— Eh bien! monsieur, qu'a donc ma vue de si effrayant pour vous méduser ainsi? fait entendre Lolotte, en s'adressant à Charles immobile et les yeux fixés sur elle.

— Rien, que de fort agréable, et si elle ne réveillait en moi quelques remords, je n'aurais qu'à me féliciter d'une aussi douce rencontre.

— Toujours aimable, ce bon Charles! allons, touchez là, mon ami, oh! je ne vous en veux plus, et cela disant, la jeune femme pressait tendrement dans la sienne la main que le jeune homme venait d'y placer.

— Avouez, qu'elle est encore plus jolie que par le passé, dit de Rinville à Charles.

— Oh! cent fois mieux, répond l'époux de Lucia avec enthousiasme.

— Charles, pourquoi, en cessant d'être mon amant, n'êtes-vous resté mon ami, pourquoi m'avoir fui sans égard, et avoir payé ma faiblesse, mon attachement, du plus cruel abandon.

— Hélas! j'eus de grands torts envers vous, chère Lolotte, et pourtant, belle, douce, tendre et fidèle, vous aviez tout pour fixer et vous faire adorer.

— Méchant! qui m'a fait pleurer et que je revois en ce jour avec tant d'ivresse et de bonheur?...... et ces paroles dites de l'accent le plus tendre étaient accompagnées de la plus douce pression, à laquelle Charles ému, étourdi, répond d'un regard amoureux et suppliant. A table, messieurs et mesdames, fait entendre en ce moment la voix de madame Saint-Didier.

— A table! nous causerons tous trois

en dînant, dit à son tour de Rinville aux deux jeunes gens.

— Vous savez que je ne dîne pas, capitaine, observe vivement Charles.

— Vous dînerez, mon cher, car il est trop tard maintenant, pour exécuter le projet qui vous appelait chez vous.

— Impossible, il faut que je parte, capitaine, je ne puis m'en dispenser.

— Vous resterez avec nous, Charles, c'est moi, c'est une amie, qui réclame de votre part cet acte de complaisance.

— Allons, allons, lorsqu'une jolie femme vous en prie, j'espère bien, mon cher ami, qu'il n'y a plus de refus à attendre, dit de Rinville.

— Charles, venez vous placer à côté de moi, et cela dit, Lolotte passe son bras sous celui du jeune homme, de Rinville s'empare de l'autre et entraîne le trop faible jeune homme vers la salle à manger où tous trois prennent place au couvert. Le dîner, puis arrive le dessert, avec son champagne, c'est de Rinville qui le verse, qui remplit le verre de Charles, et excite ce dernier à de fréquentes libations. Alors, sous la table, une main mignonne caresse celle du jeune homme, un genou féminin presse le sien, et par sa douce chaleur, ses tendres agaceries, enflamme Charles d'amour, de désirs et achève de lui faire perdre la raison.

On quitte la table, on retourne au salon; là, les tables de jeu, les tapis verts, puis les parties qui s'engagent et M. de Saint-Pol, par son approche, qui vient interrompre l'entretien secret de Lolotte et de Charles, tous deux assis dans un coin du salon, afin de renouveler au jeune homme l'offre de sa revanche.

— Non, vous ai-je dit, monsieur, je ne jouerai pas ce soir.

— Pourquoi pas, Charles? je me placerai près de vous et vous porterai bonheur, fait entendre Lolotte.

— Je suis un homme ruiné, alors, si vous placez monsieur sous la protection d'un aussi joli et puissant patron, reprend M. de Saint-Pol, en souriant et s'adressant à Lolotte.

— Allons, ma revanche donc! monsieur, fait Charles en se levant et allant se placer à une table, vis-à-vis de son adversaire.

— Eh quoi! malgré votre promesse, vous ne le suivez pas? dit de Rinville, à l'oreille de Lolotte, tout en prenant près d'elle la place que vient de quitter Charles.

— Un instant donc, capitaine, laissez-moi au moins respirer et me reposer de la fatigue que m'occasionne le rôle que vous m'avez imposé.

— Comment, de la fatigue, lorsque c'est le cœur qui vous inspire?

— Détrompez-vous, mon cher, car il n'est plus de la partie, répond Lolotte.

— Plaît-il? fait de Rinville avec surprise.

— Comme je vous le dis, capitaine, après deux ans d'absence je retrouve le pauvre garçon si piteux, si mou de caractère, enfin tellement changé à son désavantage, que sa vue seule a suffi pour éteindre en moi cette espèce de regret que m'avait inspiré son ingratitude et sa perte.

— Diable! voilà qui tombe fort mal à propos...

— Comment cela?

— En ce que, le cœur n'étant plus, comme vous dites, de la partie, je crains que le reste manque de courage et d'énergie pour achever la tâche convenue.

— Calmez vos craintes, de Rinville, car si l'amour a fui, la haine plus puissante encore est demeurée fidèle.

— Nous sommes sauvés alors, ma toute divine! partie gagnée pour nous et perdue pour Charles, à ce qu'il y parait, car je l'aperçois d'ici, quittant le tapis et même se dirigeant vers nous, avec une mine des plus piteuses..... quoi! aurions-nous déjà perdu? ajoute de Rinville en s'adressant à Charles.

— Tout ce que je possédais sur moi, ce Saint-Pol a un bonheur insolent.

— Que ne continuez-vous sur parole, observe Lolotte.

— Ce qu'il m'offre et dont je me soucie peu.

— Allons, enfant, acceptez et la chance vous deviendra favorable, dit de Rinville.

— Venez, Charles, c'est moi qui vais conduire votre jeu. Et Charles se laisse entraîner par la jeune femme, reprend la place qu'il vient de quitter et propose deux mille francs sur parole, ce qu'accepte M. de Saint-Pol.

En ce moment, la porte du salon vient s'ouvrir pour donner entrée à madame Saint-Léger, suivie de M. Briolet.

— Petit, portez mon chapeau au vestiaire et prenez garde de le déformer, prenez aussi ce châle.

— Oui, minette, et cela dit, Briolet qui ignore les êtres, et vient pour la première fois dans cette maison où l'amène madame Saint-Léger, Briolet, donc, chargé des dépouilles de la dame, au lieu de tourner vers l'antichambre, s'avance dans le salon et va se jeter dans la table sur laquelle, en ce moment, Charles expose son argent et son honneur.

— Tiens! l'ami Charles! exclame Briolet avec surprise. Et Charles, levant les yeux avec effroi, reconnaît le petit jeune homme.

— Continuez votre jeu, je vais parler à ce nigaud et lui recommander le silence, fait entendre de Rinville au joueur; puis s'adressant à Briolet, venez avec moi, mon cher.

— Ah! le capitaine aussi, et puis Lolotte, et puis.....

— Silence! vous dis-je, et suivez-moi, afin de vous débarrasser de ces chiffons. Alors, Briolet de suivre de Rinville dans une pièce isolée, où le capitaine saisissant la main du pauvre garçon, et la lui pressant avec force:

— Briolet, mon ami, lui dit-il, vous êtes un ami discret, je n'en doute nullement; mais s'il vous arrive jamais de parler à qui que ce soit de notre rencontre en cette maison, je vous passe mon épée à travers le corps.

— Cela suffit, capitaine, je suis aveugle

et muet, répond Briolet, rien moins que rassuré.

Cela dit, tous deux rentrent dans le salon, où de Rinville revient prendre place près du tapis sur lequel, durant sa courte absence, Charles a réparé ses pertes par un coup de dix mille francs.

CHAPITRE VIII.

LA RUINE.

— Oh ! vous avez beau vous en défendre, monsieur Édouard ; oui, c'est à vous, à votre précieuse amitié que je suis redevable de tout le bonheur dont je jouis maintenant. Ah ! que de reconnaissance ne vous dois-je pas, vous, qui par de sages conseils avez su fixer mon Charles près de moi, le réconcilier avec ma famille, et obtenir de ma mère la somme immense et nécessaire pour élever cette belle fabrique, où, en ce jour, grâce aux soins, à l'activité de mon mari, règnent l'ordre, le travail et l'activité.

Ainsi parlait Lucia, assise près de Morisson, qui, les yeux tendrement fixés sur elle, et le sourire de la bienveillance sur les lèvres, écoutait la jeune femme qui lui faisait entendre l'expression de sa vive reconnaissance.

— Eh! bien, admettons que, par ma participation, j'aie beaucoup contribué à opérer l'heureux changement dont vous vous félicitez, n'ai-je pas rempli mon devoir alors; et me faisant votre ami, ne devais-je pas me vouer de corps et d'ame à vos intérêts?

— Tout le monde, monsieur, ne comprend pas ainsi les devoirs de l'amitié.

— Malheur à celui qui les comprend autrement! fait Édouard.

— Oh! je suis bien heureuse, depuis que mon Charles passe près de moi tout le temps qu'il peut ravir à ses nombreuses occupations.

— Comment l'emploierait-il mieux que près d'une femme charmante?

— Vous me flattez, monsieur Édouard, répond Lucia en souriant.

— Vous flatter, Lucia, oh! non; mais en ce moment je parle ainsi que le cœur m'inspire. Oui, j'approuve dans Charles une conduite que je n'aurais cessé de suivre, moi étant votre époux; car, quoi de plus doux que de passer ses instans près d'une femme aussi belle qu'adorée?

En disant ces derniers mots, Édouard paraissait fortement ému, et son regard fixé sur Lucia semblait exprimer la passion et le regret.

— Que vous êtes bon, monsieur Morisson, et combien la moindre de vos paroles trahit la beauté, l'excellence de votre âme, dit la jeune femme en s'emparant de la main du jeune homme, et la pressant avec aménité.

Alors Édouard de tressaillir à ce doux attouchement, ses yeux se remplissent de larmes, qu'il s'empresse de dérober à la vue de Lucia, en quittant subitement la place qu'il occupe près d'elle et en se dirigeant vers la croisée, où l'épouse de Charles tarde peu à le rejoindre. Tous deux, appuyés sur le balcon, les yeux fixés sur les vastes bâtimens, admirent en silence, durant quelques instans, le mouvement laborieux des ouvriers, qu'à travers les fenêtres des ateliers on aperçoit occupés autour de leurs métiers. En ce moment un cabriolet entre, et s'arrête dans la vaste cour : c'est celui de Charles; et Lucia, en l'apercevant, laisse échapper un léger cri de joie :

— Voyez, il revient dîner avec nous, comme il me l'a promis ce matin; qu'il est exact maintenant! fait entendre la jeune femme en souriant de la croisée à son époux, qui, descendu de voiture, se dirige vers le pérystile, après avoir de la main salué amicalement sa femme et Morisson.

— Bonjour, Edouard, bonjour, ma Lucia, dit Charles en entrant dans la chambre.

— Nous t'attendions avec impatience, mon ami; car je craignais que tes occupations ne te retinssent fort tard à Paris.

— Ce n'est pas sans peine; mais, grâce à Dieu, je suis parvenu à les terminer d'assez bonne heure, pour pouvoir, mes amis, vous consacrer le reste de cette journée, répond Charles en embrassant sa femme, et pressant ensuite la main de Morisson.

— Eh! bien, Charles, comment vont les affaires? s'informe Edouard avec intérêt.

— Mais bien, très-bien! beaucoup mieux que je n'avais droit de l'espérer lorsque je formai cet établissement il y a quatre mois.

— Vous recueillez, mon ami, les fruits de votre travail et de votre activité.

— N'est-ce pas, mon cher Edouard, que c'est une femme admirable et précieuse que ma Lucia, reprend Charles, en serrant son épouse sur son sein.

— Oui ! précieuse, murmure péniblement Edouard.

Encore quelques mots, et le mari, après avoir réclamé la permission d'aller donner un coup-d'œil à ses ateliers, s'éloigne et se dirige d'abord vers les bureaux de la fabrique, puis pénètre dans une petite pièce, sur la porte de laquelle se lit : Caisse, en gros caractère. Là, un homme, occupé à feuilleter un énorme registre, leve la tête à l'arrivée de Charles; puis, après avoir déposé sa plume :

— Eh bien, m'apportez-vous enfin les les fonds en question? dit-il.

— Pas encore, mon cher Morin, mon banquier vient de nouveau de me remettre à demain.

— Hum ! fatal contretemps, cela va mal, monsieur Dormer; demain le trente, nous ne serons point en mesure pour nos échéances, et pareil échec, deux mois de suite, est un coup de mort pour une maison de commerce.

— Qui vous dit, monsieur le caissier,

que nous ne serons point en mesure? reprend Charles avec humeur.

— J'en juge, monsieur, d'après vos paroles, et le vide de ma caisse.

— Combien faut-il pour solder cette fin de mois?

— Avec ce qui reste d'arriéré sur le mois dernier, et sans compter les neuf mille francs que j'ai en ce moment en caisse, provenant des rentrées de la semaine, il me manque encore trente-deux mille francs! répond le commis avec sang-froid.

— Trente-deux mille francs! Mais c'est énorme! fait Charles avec effroi; puis, après un instant de silence accordé à la réflexion, cela suffit, dit-il, demain matin vous les aurez.

— Je le souhaite, pour l'honneur de la maison, monsieur, répond le cissier.

— Puis, Charles s'éloigne inquiet et tremblant, en répétant tout bas, — trente-deux mille francs! trente-deux mille francs!! mon dieu! que faire, où trouver pareille somme? et cela disant, se jette dans le capitaine de Rinville, qui, arrivant de Paris, traversait la cour en ce moment.

— D'où naît semblable distraction, de passer ainsi sans reconnaître ses amis.

— Ah! c'est vous, capitaine, vous voyez un homme au désespoir.

— Bah!

— Suivez-moi au jardin, car de cette fenêtre, ma femme nous apercevrait; venez m'aider de vos conseils secourables, et me sortir, s'il se peut, de l'embarras où je me trouve.

Et cela disant, Charles entraînait de Rinville dans une longue avenue située derrière la fabrique.

—Voyons, parlez, mon cher, expliquez à votre intime confident la cause du trouble où je vous vois.

—De Rinville, je suis perdu, mon cher, si je ne trouve, dès ce soir, la somme de trente-deux mille francs!

— Hum! beau denier, mais difficile à saisir.

— Hélas! c'est aussi ce qui me fait perdre la tête, car cette somme m'est absolument nécessaire, afin de satisfaire les nombreux effets souscrits par moi, et qui doivent se présenter demain.

— Demain la fin du mois, c'est juste, et même vous avez en sus neuf autres mille francs à payer pour ce fat de Saint-Pol, à qui vous avez eu l'imprudence de souscrire une lettre de change que cet homme, toujours avide d'argent, a cédé à fort bas prix au plus implacable des usuriers.

—Encore! mais je suis perdu!... exclame Charles hors de lui.

— Diable! mais aussi, pourquoi, mon cher, vous avisez-vous d'entretenir si richement cette petite Lolotte; ne pouviez-vous, amant discret et préféré, jouir en cachette des faveurs de la péronnelle, sans la forcer de quitter son vieux maréchal de France, qui, sans nuire à son immense fortune, avait mis la petite sur un ton très convenable? Mais non! amoureux et jaloux, vous exigez pour vous seul tout l'amour que notre jeune phrinée peut vendre et donner, vous l'arrachez à son vieil amant, et faites pour elle des folies, des dépenses incalculables; pire encore! afin de satisfaire plus magnifiquement aux exigences de votre maîtresse, et dans l'espoir de parer à ces dépenses qui jetaient la gêne dans vos affaires commerciales, comme un fou, vous vous livrez avec fureur à votre funeste passion du jeu, et perdez en moins de deux mois, les cent vingt mille francs, provenant de la dot de votre femme; qu'arrive-t-il? qu'en ce moment tombe l'échéance des nombreux engagemens contractés par vous, lors de l'établissement de cette fabrique, et qu'il ne vous reste rien pour y faire honneur.

— De Rinville! vous êtes cruel! car lorsque je réclame de vous aide et protection afin de me retirer du mauvais pas où je me trouve, il est mal à vous de me jeter mes fautes à la face.

— En effet! votre reproche est juste, le secours d'abord, puis ensuite la morale, c'est ainsi que j'aurais dû agir.

— Oui, le secours d'abord, afin de m'arracher, s'il est possible, de l'affreux précipice où vous seul m'avez plongé! dit Charles avec amertume.

— Plaît-il! que signifie ce reproche? fait de Rinville en fixant le jeune homme avec sévérité.

— La juste vérité, car n'est-ce pas vous qui, pour mon malheur, avez fait naître en moi, la passion fatale du jeu, en me conduisant dans l'infernale maison de la Saint-Didier.

— Pour y dîner ensemble, en qualité de convives passagers, d'une excellente table d'hôte, mais non pour que vous y devinssiez le joueur le plus assidu comme le plus imprudent de tous ceux qui hantent ces salons. Quant à la jeune maîtresse, cause principale de votre gêne du moment, je m'avoue l'auteur coupable de la rencontre que vous fîtes d'elle chez la Saint-Didier, c'est qu'alors, connaissant votre goût passionné pour les jolies femmes, et curieux d'apprécier l'effet que produirait sur vous la vue d'une jeune fille, pour qui, vous eûtes jadis un léger caprice, j'étais loin de penser, que de cet instant de félicité que mon amitié vous réservait, naîtrait une passion fougueuse, extravagante surtout! chez un homme qui se disait aimer sa femme légitime à l'adoration.

— Je disais vrai alors, et je le repète en ce moment, oui, ma Lucia, ma douce Lucia est toujours chère à mon cœur ! seule elle est digne de tous mes respects, de mon adoration !

— Vous venez, mon cher Charles, de prononcer ma justification, car c'est pour m'être fié sottement à une semblable assurance de votre part que je n'ai entrevu nul danger pour votre repos et votre fortune, en vous procurant le délicieux avantage de revoir l'ancienne victime de vos séductions.

— Ah! c'est qu'il y a trois ans, cette Lolotte n'était qu'une jeune fille sans art ni coquetterie, et que votre imprudente amitié me l'a rendu ravissante de grâce, de charme et d'entraînement.

— Il fallait résister à ces séductions, et

la conquérir de nouveau, sans exposer, ni le cœur, ni la raison; observe le capitaine.

— Il fallait plus, rompre de suite avec elle, la fuir, ne plus la revoir ! reprend Charles.

—Sans doute, et non pas se livrer d'âme, de corps, et de fortune aux enchantemens de cette Circé... Mais, laissons-là le chapitre des fautes, celui des regrets, qui nous fait perdre un temps précieux, et tâchons en trouvant un heureux expédient de sortir momentanément de nos embarras pécuniaires, dit de Rinville; puis ajoute-t-il : pour cela, mon cher, il s'agit en cet instant, de mettre de côté toute espèce de honte, et de puiser dans la bourse de vos amis, hors la mienne, qui pour le quart-d'heure est totalement à sec, ce dont j'enrage.

— Des amis! je n'en ai point, soupire Charles.

— Bah! pour qui comptez-vous donc alors, notre riche et estimable Edouard, notre respectable beau-père Bernard, sans oublier sa chaste moitié.

— Y pensez-vous ? leur emprunter de l'argent ! leur faire deviner mon affreuse position, impossible !

— Alors, mon cher, si l'amour-propre s'en mêle, au diable les ressources !

— Mais, de Rinville, songez donc, que la famille de Lucia, que cet Edouard, croyent mes affaires en pleine prospérité, et qu'il y va du repos de ma femme !

— Oui, je conçois qu'il est cruel d'en rabattre aux yeux des gens qui nous croyent dans l'abondance.

— Oh ! non, non, je ne puis me décider à une telle humiliation, s'écrie Charles.

— Mais aussi, mon cher, pourquoi, d'après l'importance de la somme nécessaire, ne pas avoir cherché d'avance à vous la procurer, sans attendre au dernier moment.

— Depuis près d'un mois, je la cherche, je l'implore de tous les usuriers.

— Et aucun n'a voulu délier sa bourse en votre faveur ?

— Hélas! non, le bruit de quelques-uns de mes effets, protestés le mois dernier, a couru à la bourse.

— Hum ! je conçois alors.

— Un escompteur, un seul, instruit de l'aisance du père de ma femme, consent, m'a-t-il dit, à m'avancer vingt mille francs, sur la signature de M. Bernard.

— Eh bien! n'y a-t-il moyen d'obtenir la signature du cher homme?

— Y pensez-vous?

— C'est juste! il faudrait nous découvrir et nous n'osons pas, c'est dommage. Voyons un autre expédient, ajoute de Rinville. N'avons-nous ici quelques marchandises dont on puisse faire de l'argent, moyennant un léger sacrifice ?

— Le temps me manque, et d'ailleurs je n'approcherai point, même en ruinant cette maison, de la somme nécessaire.

— Avons-nous quelques fonds en caisse ?

— Neuf mille francs, répond Charles.

— Alors, je ne vois qu'un coup hardi,

qui soit capable de nous tirer d'une fatale position.

— Lequel, parlez ? fait le jeune homme, avec empressement.

— Un seul, qui peut nous être propice, le jeu...

— Le jeu ! ah ! jamais maintenant, je le maudis, s'écrie Charles avec dégoût.

— Dam ! cherchez maintenant vous-même, car je ne trouve plus rien, répond flegmatiquement de Rinville.

— Ainsi, je suis perdu ! Lucia, pauvre Lucia, quel réveil pour toi !

— Sûrement, il sera pénible, lorsque les huissiers et leur odieuse cohorte viendront envahir cette maison.

— Oh ! non, cela ne sera pas, ce serait affreux pour elle, déshonorant pour moi, de Rinville ! ô nom du ciel, que faire, que devenir ? s'écrie Charles avec désespoir en se poignant le sein.

— Suivre mon conseil, et dans ce cas désespéré jouer le tout pour le tout, en essayant cette nuit la fortune sur un tapis vert.

— Encore! mais si le sort trompe mon attente, me ravit ma dernière ressource? interroge Charles, la tête perdue.

—Alors, nous devrons neuf mille francs de plus, et notre position n'en sera ni plus ni moins fâcheuse qu'en ce jour.

— Allons donc, puisque le sort m'y contraint! qu'il n'est pour moi, nul autre moyen d'échapper à la honte qui m'attend. Oui, encore une fois, cette fois seulement, et puisse la fortune m'être favorable?

— Bien raisonné, répond de Rinville, en souriant dans sa barbe. Maintenant, ajoute-t-il, allons rejoindre votre femme et sa société, qui, s'ils nous ont vu traverser la cour ensemble, doivent trouver étrange notre long entretien. Venez, mon cher; car je tiens infiniment à ne faire naître aucun soupçon malveillant sur mon compte, de la part de votre Lucia, dont la confiance m'a, ces temps derniers, coûté tant de soins et de peine à reconquérir.

— Un instant, de grâce! demande Charles, encore en proie à une vive émotion.

— Allons donc! du courage, du calme, mon cher; rentrons ce chagrin au fond de notre âme, et composons cette mine soucieuse, capable d'éveiller le soupçon chez le moins méfiant des êtres.

Charles, après avoir repris un peu de calme, suivit le capitaine, et tous deux rentrèrent au salon, où les attendaient avec impatience Édouard et Lucia. Morisson, qu'une affaire importante réclamait chez lui, prit congé de ses amis une heure après le dîner, laissant Lucia avec son époux et de Rinville.

— Qu'as-tu donc, mon ami? il me semble que ce soir tu n'es pas aussi gai que de coutume, dit la jeune femme, en pressant son mari sur son sein en présence du capitaine.

— Rien, rien, ma Lucia.

— Pardonnez-moi, monsieur, vous n'êtes point aussi aimable qu'à l'ordinaire. Vous ayant observé tout le temps du dîner, j'ai remarqué votre mine soucieuse, vos fréquentes distractions. Mon Charles! aurais-tu quelque chagrin que tu cacherais à ta femme bien-aimée?...

— Non, rien, enfant, seulement une contrariété, répond l'époux.

— Une contrariété, et laquelle?

— La maison Millet et compagnie, qui, ce jour, devait me verser une somme assez forte, et des plus nécessaires à mes paiemens de demain...

— Eh bien? fait Lucia avec inquiétude.

— Eh bien! elle n'a point payé; et ce manque de parole me contraint forcément à courir ce soir chez mon banquier, afin d'y prendre des fonds.

— Ce soir; mais il est trop tard, Charles...

— En effet, voilà neuf heures qui vont sonner, remettez cette course à demain matin, fait entendre de Rinville.

— Oui, mon ami, le capitaine a raison ; remettez cette démarche à demain.

— Impossible ! ma Lucia ; demain, durant mon absence, des billets peuvent se présenter, notre caissier peut manquer de fonds. Juge alors le tort irréparable que ferait à notre maison le refus d'acquitter un effet à présentation.

— Je conviens qu'un tel événement suffirait pour discréditer votre signature, mon cher, dit encore le capitaine.

— Hélas ! tu vas donc me laisser seule et dans l'inquiétude ? Oh ! je t'en prie, mon ami, mène un de nos gens avec toi à Paris. Réfléchis, Charles, que si des malfaiteurs savaient que tu rapportes de l'argent, ils pourraient t'attaquer, te voler sur la route.

— Il n'en sera rien, je l'espère, et, pour te tranquilliser, un valet montera derrière mon cabriolet. Capitaine, voulez-vous que je vous reconduise à Paris.

— Ne ferai-je pas mieux de tenir compagnie à madame le reste de la soirée, et d'habiter cette nuit votre chambre d'ami, dit de Rinville.

— A votre aise, capitaine.

— Et moi, Charles, je préfère que le capitaine t'accompagne, qu'il revienne ce soir avec toi ; je serai plus tranquille.

— Vos désirs, sont des ordres pour moi, madame. Allons! Charles, en route pour la capitale.

— Surtout, ne revenez pas trop tard, recommande de nouveau la jeune femme. Charles sonne un domestique, puis ordonne qu'on attèle le cheval, tandis que lui va passer un instant à la caisse y prendre connaissance du bordereau de paiement. Quelques minutes après, de Rinville et Charles galopaient vers Paris, munis des neuf mille francs, que, dans l'absence du caissier ce dernier venait d'enlever à la caisse.

CHAPITRE IX.

SUITE DU PRÉCÉDENT.

— Ta maîtresse est-elle visible?

— Y pensez-vous, M. de Rinville, mais il n'est encore que six heures du matin, et madame dort d'un profond sommeil.

— N'importe! il faut l'éveiller, j'ai à lui parler absolument.

— Non, monsieur, non, c'est bien assez que vous m'ayez éveillé en sursaut avec vos grands coups de sonnette, sans que j'aille troubler le repos de ma maîtresse qui s'est couchée fort avant dans la nuit.

— Tu as beau t'y opposer, il faut que je parle à Lolotte, et puisque tu refuses de l'éveiller, afin de lui annoncer ma visite, c'est moi qui se charge de ce soin.

Cela dit, le capitaine repousse la femme-de-chambre, et malgré son opposition, traverse l'appartement, entre dans la chambre à coucher, s'avance près du lit et dépose un baiser bruyant sur les lèvres de la jeune femme, que cette brusque caresse arrache subitement au sommeil.

— Quoi! c'est vous, capitaine, il est donc tard?

— Non, mais il est l'heure, ma toute belle, d'ouvrir vos beaux yeux ainsi que vos oreilles, afin d'écouter ce dont je viens vous instruire.

— Parlez, je vous écoute, dit Lolotte en

appuyant son coude sur l'oreiller et plaçant sa tête sur sa main.

— Soupirez, soupirez, ma chère, car votre amant vient de perdre cette nuit sa dernière pistole.

— Le sot! fait la jeune femme en levant les épaules.

— Plus rien, ma chère, que quarante-un mille francs à payer en ce jour, sous peine de voir, avant peu, messieurs les huissiers saisir et vendre sa boutique.

— Que son sort s'accomplisse.

— Eh! quoi, ma toute délicieuse, ne viendrez-vous au secours d'un amant généreux tombé dans l'infortune? Ne ferez-vous, en sa faveur, le sacrifice de quelques unes de ces riches parures en brillans dont il s'est plu à orner votre cou et vos belles oreilles?

— Assez d'extravagances, capitaine, et contez-moi l'aventure plus au long.

— Vous voulez dire ce qui s'est passé cette nuit?

— Oui, après m'avoir, vous et Charles-

quitté hier à onze heures du soir pour vous rendre chez la Saint-Didier.

— Peu de mots vont vous mettre au fait de tout. Votre amant et moi, après avoir pris congé de vos charmes, vous avoir souhaité des rêves couleur de rose, nous nous acheminâmes vers le temple de Plutus; là, grande réunion, des tables chargées d'or, des joueurs acharnés; Charles, rempli de trouble, d'agitation, prend place au premier tapis, jette dessus deux mille francs, gagne et laisse échapper de sa poitrine un soupir de bonheur et d'espoir. Un second coup, quatre mille; cette fois même chance; alors, le perdant se retire et de Saint-Pol prend sa place. — Dix mille francs!... propose Charles. Accepté! Et votre amant gagne ce troisième coup qui le comble d'ivresse et moi de rage. Mieux encore, la fortune, qui semble en ce moment vouloir le dédommager de sa rigueur habituelle, lui prolonge la chance la plus heureuse; et son favori du moment, après avoir fait vider bourse et portefeuille à deux agens de change, un banquier et un gros Anglais, se voit en possession de cinquante-deux mille francs...

— Quel insolent bonheur! fait Lolotte avec dépit.

— Ce fut alors, reprend de Rinville, que furieux de voir mon espoir trompé, mes projets déjoués, et que maudissant la chance favorable qui sortait ce Charles du plus affreux embarras, je cours vers Saint-Pol, occupé dans un coin du salon à courtiser madame Saint-Léger, la future prétendue du cousin Briolet; puis, prenant le jeune homme à l'écart, je ranime son courage abattu par les pertes qu'il vient de faire, je l'excite de tout mon pouvoir à exiger à l'instant même une revanche de la part de Charles, et cela en lui promettant une proie facile, en ce que ce dernier, énivré par son gain et dans sa folle joie, accordera peu d'attention à son jeu. Saint-Pol se laisse entraîner, se présente à Charles, le provoque et la partie s'engage. Vivat! la chance a totalement tourné et chaque billet de banque qui s'échappe des mains de notre ennemi, sont autant de gouttes de bonheur qui tombent sur mon cœur. Etourdi par un coup de dix mille francs que vient de lui enlever son adversaire, Charles, furieux et dans l'espoir de rattraper cette somme, double pareille mise. Trente mille de perdus alors, et dans sa rage, notre joueur, malgré le refus de Saint-Pol, exige une dernière partie qui en moins de deux minutes complète sa ruine et lui enlève jusqu'à l'espérance.

— Comment! ce Saint-Pol lui a tout gagné?

— Tout! ma chère, grâce à ce que, placé derrière Charles, je dévoilais adroitement son jeu à son adversaire, dit de Rinville en souriant.

— Quelle trahison! exclame Lolotte.

— Elle est pendable, j'en conviens; mais il me fallait sa ruine, son déshonneur; et tout cela m'échappait, s'il eut conservé son or.

— Ensuite, que devint-il après avoir

tout perdu? s'informe la jeune femme.

— Un furieux, un forcené, injuriant la société, renversant les meubles, menaçant chacun du geste et de la voix, à un point enfin! qu'il fallut s'emparer de lui, et de vive force le conduire jusqu'à la porte de la rue qu'on referma sur lui avec fracas.

— Le malheureux! que sera-t-il devenu?

— Je l'ignore, car, lorsqu'après quelques instans de réflexion, je sortis pour le joindre, je ne trouvai personne dans la rue et le cherchai vainement.

— Mais, capitaine, ne craignez-vous que dans son exaspération il ne se soit détruit?

— Alors, ma vengeance serait incomplète, car ce n'est point encore assez de la perte de sa réputation, de celle de son argent, il me faut encore le déshonneur de son épouse avant sa vie.

— A propos, voilà plusieurs jours que vous m'avez parlé des progrès de votre Edouard Morisson sur le cœur de Lucia.

Eh bien! à quoi en est cet amant platonique avec sa Lucrèce ?

— A la plus intime amitié ; de ce sentiment à l'amour il n'y a qu'un pas à faire ; aussi, j'espère fort que Lucia n'hésitera pas à le franchir aussitôt que la conduite de son mari lui aura été dévoilée.

— Est-ce vous qui se charge de ce soin? demande Lolotte.

— Non pas! voulant en apparence me bien conserver avec tout le monde, et conserver mes grandes entrées chez chacun, je me garderai bien de me faire délateur.

— Alors, une lettre anonyme...

— Fi donc! on n'y croit plus.

— Mais encore, qui chargerez-vous de cette délicate mission?

— Le petit cousin Briolet, qui, grâce à sa madame Saint-Léger, nous a surpris chez la Saint-Didier, qui vingt fois a vu Charles à vos pieds, le cousin Briolet donc, qui s'est tu jusqu'à ce jour, quoique blâmant fortement la conduite de Charles, grâce à mes menaces et recommandations, et plus encore, dans la crainte qu'une indiscrétion de sa part ne lui fit perdre les faveurs de la Saint-Léger, notre alliée, dont il convoite la main et la fortune prétendue.

— Et à qui maintenant vous allez permettre de parler, sous peine d'encourir même disgrâce, fait Lolotte, en riant.

— Comme vous dites; mais avec recommandation suprême de distraire mon nom, ainsi que ma personne, de ses révélations.

— Or, vous vous garez de votre mieux et me livrez seule à la haine, à la malédiction de toute la sainte famille?

— C'est selon, et sur quoi je désire m'entendre avec vous en loyal allié.

— Ma foi! mon cher, je vous donne carte blanche à ce sujet, et toutes réflexions faites, je ne serai nullement fâché que ces gens, qui me chassèrent impitoyablement de leur maison, apprissent que c'est à moi qu'ils sont redevables d'une partie des chagrins qu'ils endurent.

— Cela suffit, car si tel est votre vœu, il tardera peu à s'exaucer.

— Fort bien ! qu'il en soit ainsi du vôtre concernant la défaite de votre vertueuse héroïne, dont la chute se fait tant attendre, que je tremble, mon cher capitaine, que vous ne perdiez la partie de ce côté.

— Patience ! ne voyez-vous pas, au contraire, que ma partie devient plus belle que jamais, en ce qu'un époux volage, ruiné et absent, est chose facile à oublier.

— D'accord, mais vous en direz ce que vous voudrez, votre séducteur, d'après le récit que vous m'en faites, me semble trop à la glace et d'une vertu désespérante.

— Patience, vous dis-je, ma chère, car il est clair que la sylphide s'humanisera en l'absence de son époux à qui il ne reste plus d'autre ressource que de quitter la France, afin d'échapper à ses créanciers.

— Allons donc ! car je commence à désespérer du dénouement.

— Et moi, j'ai plus que jamais l'espoir d'un immense succès, ainsi que celui d'obtenir un jour la place par composition.

—Amen! fait Lolotte en riant aux éclats.

En cet instant, la femme de chambre vint interrompre l'entretien, pour annoncer la venue de M. Charles Dormer, qu'elle venait d'apercevoir dans la cour, se dirigeant vers l'escalier.

— Diable! il ne faut pas qu'il me trouve près de vous à cette heure, dit le capitaine en quittant subitement la place qu'il occupait près du lit de Lolotte.

— De Rinville, ne puis-je refuser de le voir?

— Non pas, ne fut-ce que pour lui conseiller de gagner au plutôt la Belgique, et le détourner de rentrer chez lui.

— Soit! partez donc par le petit escalier, car le voici qui agite la sonnette avec violence, répond Lolotte.

Et le capitaine se rend aussitôt à cette invitation, en annonçant son retour très prochainement.

— C'est vous, Charles; aussi grand

matin ? mais d'où venez-vous ? comme vous êtes pâle, défait !

Et le malheureux, les vêtemens en désordre, avant de répondre à cette interpellation, tombe anéanti sur le siége que vient de quitter de Rinville.

— Répondez donc, monsieur, pourquoi l'état où je vous vois? auriez-vous joué, perdu ?

— Oui, perdu, ruiné, déshonoré! dit enfin Charles en sanglottant et laissant tomber sa tête sur le lit.

— Belle conduite, ma foi ! et c'est près de moi que monsieur vient déplorer les suites de ses folies, fait entendre sèchement Lolotte.

— Oui, près de toi, dont la coquetterie, les exigences ont hâté ma ruine, toi dont, dans ce jour, je viens implorer la pitié.

— Implorer ma pitié! fait la jeune femme avec surprise.

— Lolotte, tu es riche, sauve-moi donc en ce jour l'honneur et peut-être la vie !

— Comment cela ?...

— En daignant me prêter de quoi satisfaire aujourd'hui à mes engagemens, en me confiant enfin quarante mille francs.

— Quarante mille francs, y pensez-vous, ai-je jamais eu semblable somme à ma disposition.

— Tes diamans surpassent seuls cette somme, confie-les moi et bientôt je te les rapporte.

— Oui, pour les engager et en jouer ensuite la valeur.

— O ciel, oses-tu bien m'insulter en un semblable moment ! Lolotte, je t'en supplie! sauve-moi de la honte, d'une ruine affreuse, prends pitié de celui, qu'hier encore tu disais aimer, et qui depuis qu'il t'a retrouvé, n'a cessé de te donner des preuves de son amour et de sa générosité.

— Ce que vous exigez de moi, Charles, est impossible; car, moi-même, afin d'acquitter les dettes que m'ont attirées de folles dépenses, moi-même, enfin, ai mis depuis plusieurs jours mes bijoux au Mont-de-Piété.

— Tu mens, misérable, répond Charles avec fureur et fixant un regard de mépris sur Lolotte.

— Rien de plus vrai, vous dis-je.

— Tu mens, encore une fois, ainsi donc, celui qui s'est perdu pour toi, celui qui pour satisfaire ton insatiable cupidité, t'a fait hommage de plus de soixante mille francs de parure de toute espèce, au jour du malheur, ne reçoit de ta part que refus et humiliation.

— Quand cela serait! s'écrie la jeune femme avec fermeté et lançant à Charles un regard courroucé; oui, quand cela serait! n'agirais-je pas ici de représailles? As-tu eu pitié de moi, de ma jeunesse, lorsque ton fatal amour me fit chasser du toît hospitalier où s'éleva mon enfance? Es-tu venu vers moi, lorsque punie pour ta propre faute, je fus pendant huit jours errante et sans pain? Charles, tu te plains de ma rigueur, que puis-je dire de la tienne? toi, qui me séduisis sans amour; qui, pour assouvir le caprice qu'avait fait naître en toi ma beauté, me condamnas, par ton abandon, ta perfidie, à devenir une femme galante et méprisable; qui, après m'avoir perdue, privée de l'asile, de l'estime de mes bienfaiteurs, oublias tout de suite la pauvre fille déshonorée et chassée, pour offrir ton cœur et ta main à celle dont tu convoitais la dot et l'héritage, celle enfin, que ton cœur incapable d'éprouver un amour sincère, tu fis trahir après quelques jours d'union; à celle que ton libertinage, ta prodigalité et ta passion effrénée du jeu plonge aujourd'hui dans la douleur et la misère. Et c'est à moi que tu viens demander secours et argent! Mais tu es fou! Charles Dormer. Fou! te dis-je; car, sache donc que mon cœur, qui t'aima une fois, mais que tu déchiras impitoyablement, depuis long-temps ne respire plus pour toi que haine et vengeance!...

— Malheureuse! quoi, tu ne m'aimais pas? Ah! j'aurais dû le deviner, au prix que tu mettais à tes caresses! Ainsi donc, tu t'es jouée de moi, et tes faux-semblans d'amour n'étaient que feintes et trahisons, afin de mieux me perdre et dépouiller, infâme! Mais ne m'est-il donc pas aussi permis de me venger de tant de perfidies? s'écrie Charles exaspéré et se levant avec précipitation.

— Sortez, monsieur, sortez de chez moi à l'instant, dit Lolotte, effrayée par le regard que lance sur elle le jeune homme, et se jetant brusquement dans la ruelle du lit.

— J'y consens; mais non avant que tu ne m'aies restitué les diamans que ta cupidité obtint de ma faiblesse.

— Vous perdez la tête; sortez, vous dis-je, ou j'appelle du secours et vous fais chasser ignominieusement.

— Me rendras-tu ces diamans, misérable catin?

Alors Lolotte, effrayée, appelle à grands cris sa femme de chambre; alors Charles, la tête perdue, s'élance sur une armoire à glaces, située dans le fond de la chambre, et trouvant la clé sur la serrure, en ouvre la porte avec tant d'impétuosité, qu'il en brise la glace sur l'angle d'un meuble ; puis, tirant un tiroir, y plonge les mains et s'empare de l'écrin qui renferme les fatales pierreries. C'est alors, qu'entre lui et la femme de chambre, accourue aux cris de sa maîtresse, s'engage une lutte violente ; tandis que Lolotte, qui s'est couverte à la hâte et a gagné la fenêtre, fait entendre les cris : au voleur ! au secours ! C'est alors que Charles, à qui la chambrière vient d'arracher l'écrin, se précipite sur la maîtresse, la terrasse et la foule sous les pieds, en la meurtrissant du talon de ses bottes. C'en était fait de la malheureuse, sans l'arrivée inattendue de Briolet, suivi du concierge de la maison, qui tous deux s'empressèrent d'arracher à la jeune femme son bourreau, et de la faire échapper vers une pièce voisine.

— Charles ! Charles ! que signifie cette barbare conduite ?

— Parce qu'il essayait de voler nos diamans et que nous nous y sommes opposées, répond la femme de chambre haletante.

— Vous êtes folle, ma chère! Est-ce possible que Charles, que vous connaissez aussi bien que moi pour un homme honnête et fortuné, ait eu seulement la pensée d'une telle action? dit Briolet.

— La chose est telle que je la dis, voyez plutôt l'écrin que je viens d'arracher de ses mains, et cette glace brisée en forçant cette armoire où les diamans étaient enfermés.

— Ce n'est pas possible, vous en imposez, ma chère; n'est-il pas vrai, Charles?

— Cette fille dit vrai, répond Charles, dont la fureur s'est transformée en un morne abattement.

— Allons donc! reprend Briolet, il y a là-dessous un mal-entendu, ou vous perdez tous deux la tête.

— Au surplus, tout cela s'expliquera devant le commissaire, car de cette fenêtre j'aperçois la garde qui traverse la cour, dit flegmatiquement le concierge.

— La garde! qui donc l'a fait demander? s'informe Briolet.

— Moi, qui, aux cris de madame, croyais qu'une bande de brigands envahissait la maison.

— En arrivera ce qui pourra; mais actuellement que notre écrin est en sûreté, je ne puis me décider à faire une mauvaise affaire à M. Charles, qui a toujours été si généreux envers moi; aussi lui conseillai-je de se sauver au plus vite par le petit escalier, dit la chambrière.

— Un moment! il faut savoir avant si madame Lolotte est de cet avis, fait le concierge.

— C'est juste! allez donc vite vous en informer, car j'entends déjà le bruit des pas des soldats sur l'escalier.

Alors le concierge scrupuleux sort aussitôt, puis la chambrière ouvre la porte qui conduit à l'escalier dérobé, par où Briolet entraîne Charles, qui, absorbé, obéit machinalement.

CHAPITRE X.

UN ENTRETIEN.

— Fidèle au rendez-vous que vous m'avez donné, capitaine.

— Très bien ! mon cher Briolet, asseyez-vous et causons un instant comme deux bons amis.

— Avant d'entamer l'entretien qui vous

a fait désirer ma présence chez vous, capitaine, donnez-moi donc des nouvelles de Charles, de Lucia et de ce qui se passe à Billancourt, où, je n'ai encore osé me présenter, dans la crainte qu'on ne m'y adresse des questions dont les réponses auraient pu m'embarrasser, d'après la défense que vous m'avez faite concernant la conduite tant soit peu déréglée de ce cher Charles.

— Je vous dirai de même, que je n'ai pas voulu me présenter à Billancourt avant d'avoir eu avec vous l'entretien que je désire; quant à Charles, grâce à mes conseils et quelqu'argent que je lui ai prêté, il est en ce moment loin de Paris, qu'il a quitté sans oser se présenter devant sa femme, et par conséquent à l'abri de ses créanciers.

— Fort bien, mais Lucia, l'oncle et la tante, que disent-ils de tout cela, reprend Briolet.

— Lucia est au désespoir, m'a-t-on dit, car, les créanciers se présentent en masse et font tapage. M. Bernard, à la nouvelle de la fuite de son gendre et des mauvaises affaires de ce dernier, est tombé depuis trois jours, dangereusement malade; quant à madame Bernard, toujours extrême et violente, elle reproche de nouveau à sa fille, d'avoir fait un mauvais choix, puis injurie, maudit son gendre, jure de le laisser faire banqueroute, plutôt que de lui avancer un sou, et tout en criant, jurant, maudissant et pleurant, la dame fort inquiète de l'état de son mari, ne quitte pas le lit du cher homme.

— Et monsieur Morisson? s'informe encore Briolet.

— Ami, aussi sage que fidèle, il s'est mis à la tête des affaires, et console l'épouse abandonnée, à qui il tient compagnie du matin au soir.

— Le brave jeune homme! ah! que ma cousine a eu tort de ne point le choisir, pour époux... Et Lolotte? car depuis que j'ai fait évader Charles de chez elle, il y a de ça trois jours, après cette scène affreuse, je n'ai osé retourner chez elle.

— Aussi brisée que furieuse, et retenue dans son lit depuis ce temps, elle a, dit-on, porté plainte au procureur du roi.

— Oh! c'est mal, elle, plus que tout autre, devait ménager ce pauvre Charles, surtout après ce qu'il a fait en sa faveur.

— Votre observation est juste, Briolet, car le malheureux s'est ruiné en grande partie pour elle.

— Savez-vous bien, M. de Rinville, que dans tout cela, soit dit entre nous, votre conduite n'a pas été des plus loyales.

— Voilà où je vous attendais, mon cher ami, et ce qui donne matière à l'entretien que je vous ai demandé. Je conçois, ajoute de Rinville, que vous vous croyez en droit de m'adresser le reproche de n'avoir point détourné Charles de sa fatale passion du jeu et de l'avoir accompagné dans les maisons où il s'y livrait, maison infâme, où vous-même conduit par votre charmante amie, madame Saint-Léger, vous nous surprîtes plusieurs fois...

— Et jouant un jeu d'enfer! interrompt Briolet.

— Charles, d'accord; mais je vous défie de me prouver que vous m'ayez vu jamais risquer la moindre pièce.

— J'en conviens, répond le jeune homme.

—Ce qui vous prouve donc, que n'ayant pas cette dangereuse passion, je n'accompagnais Charles chez la Saint-Didier, que dans l'intention de m'opposer à ce qu'il exposât tant d'argent.

— Fort bien! mais n'eût-il pas mieux fallu l'empêcher de jouer du tout?

— Ce dont je me suis efforcé vainement, mais la passion était chez ce malheureux, plus forte que la volonté et tous les raisonnemens du monde.

— En était-il donc de même de son nouveau caprice pour Lolotte, caprice inconcevable! qui lui a fait délaisser sa propre femme, pour les caresses intéressées d'une courtisane.

— De même, mon cher, inutilement, me suis-je épuisé à le détourner de cette femme, en lui montrant la honte d'une telle liaison, et combien il était coupable en lui sacrifiant sa belle et aimante Lucia.

— Voilà qui est singulier! j'aurais parié, capitaine, que vous seul étiez la cause du dérangement de ce pauvre Charles.

— C'est ainsi que les apparences nous font coupable aux yeux du monde, dit de Rinville d'un ton hypocrite.

— Mais alors, expliquez-moi donc, capitaine, pourquoi cette menace de votre part, le soir que je surpris Charles jouant gros jeu chez la Saint-Didier, si je m'avisais de parler à qui que ce fût, de notre rencontre en ce lieu.

— Chose toute naturelle; espérant un jour à venir, corriger Charles d'un défaut dont j'aurais voulu soustraire la connaissance au monde entier, je craignais que dans un excès de zèle malentendu, vous n'allassiez prévenir Lucia et sa famille, de cette découverte, et par-là, porter le désespoir dans le sein de ces braves gens, ainsi que la discorde dans un ménage où, en sauvant les apparences, j'étais venu, non sans peine, à bout de rétablir, depuis plusieurs mois, la confiance et la paix.

— Par exemple, capitaine, vous me permettrez de vous dire, que je ne comprends rien à tous vos arrangemens, car enfin, il me semble qu'il eût été beaucoup plus prudent de prévenir tout de suite l'épouse et la famille, et par là d'empêcher la ruine de Charles, que de cacher ses vices, et le laisser en silence dissiper la dot de sa femme, ainsi que l'argent de ses créanciers.

— Ces révélations, mon cher, n'eussent rien changé aux choses, mais seulement jeté en plus, la discorde et la haine dans le ménage et la famille.

— Qu'importe! un peu plus tôt, un peu plus tard! croyez-vous donc que les choses, maintenant, n'en soient pas arrivées à ce point?

— D'accord! mais Charles ne m'instruisait pas de toutes ses folies, et j'étais loin de penser qu'il travaillait à sa ruine avec une telle activité. Briolet ne répond pas à ces derniers mots, et fort peu convaincu de l'excellence du raisonnement du capitaine, le jeune homme se contente de remuer la tête en signe d'incrédulité, ce que voyant de Rinville, fait qu'il reprend avec sévérité.

— Je viens d'essayer de vous convaincre, mon cher Briolet, de la sincérité de mes intentions, et de me justifier envers vous, vous, dont j'apprécie toute l'estime, mais, si n'ayant pas cet avantage, vous persistez a ne voir en moi que le complice de Charles , si vous conservez au fond de l'ame, quelques doutes offensans à ma sincérité, à mon honneur, je suis tout disposé, monsieur, à vous faire raison de ma conduite les armes à la main.

— Hein! plaît-il, capitaine, que parlez-vous d'incertitude? mais, du tout! il n'en existe pas la moindre nuance dans ma pensée, et je suis on ne peut plus convaincu de la sincérité de vos paroles comme de vos intentions.

— Ainsi donc! sous peine de nous couper la gorge ensemble, vous me jurez de ne jamais lâcher un mot qui puisse porter atteinte à la confiance que m'accordent monsieur et madame Bernard, ainsi que Morisson et Lucia.

— Je vous le jure! fait Briolet fort peu rassuré.

— Alors, nous continuerons à être les meilleurs amis du monde, et pour vous prouver combien est sincère l'intérêt que je vous porte, je me charge de décider madame Saint-Léger à conclure au plus tôt le mariage que vous désirez et qui doit vous rendre possesseur de sa charmante personne ainsi que de sa fortune.

— Capitaine, vous êtes un homme charmant! votre promesse me comble de joie. Oui, voyez mon inhumaine, cette femme trop charmante, et en ma faveur implorez d'elle la fin du martyre que me fait endurer son indécision.

— Je vous tiendrai parole, mon cher, et lui ferai ma visite dès demain.

— Pourquoi pas aujourd'hui, capitaine?

— Parce que vous allez m'accompagner chez Lucia, à qui je vais de ce pas offrir l'aide de ma bourse, s'il en est besoin, pour apaiser les créanciers de son époux.

— Voilà qui est bien de votre part, capitaine, et détruirait mes doutes, si je pouvais en concevoir d'injurieux sur votre compte; maintenant j'ajouterai que, si vous pouviez faire cette démarche sans moi, vous m'obligeriez infiniment, ayant ce jour, force commissions à faire et dont m'a chargé la femme que j'adore.

— Impossible! il faut que vous veniez avec moi.

— Mais, la raison, capitaine?

— La voici; Lucia ignore encore d'où part le coup qui vient de la frapper; enfin, ce qui a causé la ruine de son époux, ce dont elle s'informe à chacun sans obtenir d'explication, voilà sur quoi elle ne va pas manquer de m'interroger...

— Et mieux instruit que tout autre de ce qui en est, vous allez le lui faire connaître? interrompt Briolet.

— Non pas! car je veux paraître tout ignorer. C'est vous, mon cher, qui serez chargé de ce soin en ma présence et prendrez la parole...

— Merci de ce soin.

— Vous le ferez, monsieur, ou alors plus de mariage avec madame Saint-Léger, que j'épouse.

— Par exemple! fait le jeune homme, suffoqué par cette menace.

— Et de plus, ayant en vous un rival qui se dit aimé de cette dame, je me bats et vous tue, grâce à ma supériorité dans toute espèce d'armes, reprend froidement le capitaine.

— Cet homme est aussi scélérat qu'hypocrite, pense le pauvre Briolet, fort mal à son aise.

— Eh! bien, avez-vous fait un choix.

— Oui, capitaine, celui de vous obéir.

— Fort bien! partons donc. Et sans plus répliquer, Briolet suit de Rinville; et tous deux gagnent une place de voiture, et roulent bientôt vers Billancourt.

— Ainsi donc, capitaine, je parlerai de la maison Saint-Didier, des sommes immenses que Charles y a exposées chaque jour? dit Briolet, en interrompant la profonde rêverie où de Rinville s'est laissé aller.

— Oui, surtout n'oubliez pas sa liaison avec Lolotte, les dons brillans dont il l'a comblé, enfin faites en sorte que toutes ces erreurs ne semblent s'échapper de votre bouche, qu'arrachées par l'intérêt que vous prenez à la position de Lucia.

— Très bien! mais elle me blâmera de ne l'avoir pas prévenu plus tôt, observe le délateur par contrainte.

— Pour éviter ce reproche, ne dites point avoir été témoin de ces désordres, mais bien en tenir le récit d'une personne sûre, qui, malheureusement, vous a prévenu trop tard.

— Savez-vous, capitaine, que ce que vous exigez-là va porter un cruel coup à ma pauvre cousine, que la nouvelle de l'infidélité de son mari est capable de la faire mourir de douleur?

— Mourir, non, vous poussez les choses trop à l'extrême, mon cher Briolet, répond de Rinville en souriant.

— N'importe! je ne vois nullement la nécessité d'augmenter la douleur que lui causent, en ce moment, la ruine et la fuite de son époux, en y ajoutant la révolution que ne manquera pas de lui occasionner le récit des amours de Charles avec Lolotte.

— Briolet, mon ami, souvenez-vous que de moi dépend, plus que vous ne le pensez, la conclusion de votre hymen avec madame Saint-Léger; ainsi donc! sans plus répliquer, faites ce que je vous conseille.

— Suffit, capitaine, qu'il soit fait selon votre volonté.

Et en ce moment la voiture entra dans la cour de la fabrique.

CHAPITRE XI.

RÉVÉLATION. — SURCROIT DE DOULEUR.

A leur descente du cabriolet, les deux nouveaux venus, c'est-à-dire de Rinville et Briolet, jettent un regard sur ces vastes bâtimens où, quelques jours avant, régnaient l'activité et le travail, où le chant joyeux de l'ouvrier retentissait et se mêlait au bruit des nombreux métiers, sur ces vastes ateliers où maintenant règnent la solitude et le silence. Alors, Briolet laisse échapper un pénible soupir, puis, suit le capitaine, et se présente avec lui chez Lucia, qui, tristement assise dans un des coins du salon, écoutait le regard baissé, et l'humiliation empreinte sur tous les traits, Édouard Morisson, qui, à haute voix, haranguait en ce moment la foule des créanciers assemblés dans la pièce.

— Non, messieurs, point de bruit, point de frais de justice qui ne serviraient qu'à aggraver la triste position de notre débiteur. Vous serez payé intégralement, messieurs; accordez donc ce délai d'un mois, que, par ma bouche, monsieur Charles Dormer réclame de votre indulgence. Ainsi termine le jeune homme, dont l'accent de vérité et la réputation honorable et connue de la plupart des créanciers vient à bout d'éteindre les clameurs, d'inspirer la confiance, et à cette masse irritée d'abord, des sentimens moins hostiles envers l'époux de Lucia. Un long laps de temps encore, puis, les conventions arrêtées et signées, la foule s'écoule en silence, laissant enfin Lucia libre de se livrer à sa douleur, en présence d'Édouard, de De Rinville et Briolet.

— Calmez ce désespoir, cher Lucia, et armez-vous de tout le courage nécessaire pour supporter les maux qui, en ce jour, sont venus vous assaillir si inopinément, dit Morisson en s'approchant de la jeune femme, et lui pressant la main avec aménité; puis se tournant vers les personnes présentes: soyez le bien-venu, capitaine de Rinville, et vous, M. Briolet, car il est bien de venir visiter ses amis dans le malheur, ajoute-t-il.

— Briolet, et vous, M. de Rinville, venez-vous m'apporter des nouvelles de mon mari, calmer enfin ma mortelle inquiétude? fait entendre Lucia.

— Oui, madame, chassez cette extrême douleur, car votre époux est en sûreté; craignant vos justes reproches, n'osant paraître aux yeux d'une épouse qu'il a aussi indignement trompé, Charles, après avoir chargé un homme de loi du soin d'arranger ses affaires, a pris le chemin de la Belgique, et fixé à Bruxelles, il y attend vos ordres pour rentrer en France et venir implorer son pardon à vos pieds.

— Vous avez donc vu mon mari? monsieur, s'informe Lucia.

— Non pas, madame, depuis le soir que lui et moi nous nous éloignâmes de vous pour aller ensemble à Paris, où l'appelait, disait-il, une importante affaire.

— Oui, de l'argent à prendre chez un banquier.

— Ce fut pour s'y rendre, que Charles me quitta après m'avoir emprunté un billet de mille francs, qui, me dit-il, lui était indispensable pour acquitter le lendemain un effet de commerce. C'est donc ce matin que la lettre que voici, écrite avant son départ, est venu m'apprendre l'état de ses affaires, et sa fuite de France.

— Donnez, monsieur! dit Lucia en s'emparant vivement de la lettre que lui présentait le capitaine, et sur laquelle elle lit aussitôt ces mots :

« Une odieuse passion vient d'achever ma
» ruine, il ne me reste plus que le déshon-
» neur et la fuite; courez consoler la femme
» infortunée dont j'ai trompé la confiance
» et l'amour; près d'elle, plaidez ma cause,
» implorez le pardon d'un coupable époux.
» C'est à Bruxelles que je me rends, après
» avoir chargé un avoçat du soin de mes
» affaires; c'est là, où je vais attendre
» avec impatience, les mots d'indulgence
» et d'oubli que daignera m'adresser la
» meilleure des femmes, si, confiante en
» mon repentir, en ma douleur extrême,
» elle conserve encore le souvenir du cou-
» pable Charles, et daigne lui pardonner.
» Adieu, capitaine, priez pour moi,
» pour moi ! qui sans cesse ai repoussé vos
» excellens conseils, et qui me suis fait le
» plus coupable des hommes. »

— Le malheureux! ah! courons le secourir et sécher ses larmes? fait entendre Lucia, éplorée, après cette lecture.

— Vous ne pouvez vous éloigner en cet instant, Lucia, vous, dont la présence calme seule la rigueur des créanciers de votre époux, attendez au moins quelques jours, et nous rappellerons Charles, observe Édouard.

— Mais, monsieur, il est seul et souffrant, loin de ses amis, de son pays...

— N'importe, il faut rester, madame, dit à son tour le capitaine, dont le pied, en cet instant, presse celui de Briolet.

— Mais, monsieur, vous, dont mon mari se blâme de n'avoir pas suivi les bons conseils, apprenez-nous donc, hélas! quelles sont les fautes qui ont causés sa ruine; comment il se fait, que moi, qui croyais les affaires de Charles en pleine prospérité, je suis si cruellement désabusée? s'informe Lucia à de Rinville.

— Ah! cessez de me questionner, madame, car je suis venu près de vous, pour remplir une mission de paix et de consolation, et non porter le désespoir dans le sein d'une femme infortunée; puis, après avoir dit ces mots d'une voix émue, de Rinville s'adressant à Édouard sans donner le temps à Lucia de l'interroger davantage, monsieur Morisson, ajoute-t-il, ma fortune, trop minime en cette circonstance, ne me permet pas de disposer de plus de dix mille francs, veuillez en accepter le prêt jusqu'à des temps plus heureux, et les joindre à l'actif de Charles.

— Homme généreux! fait Édouard, ah! que des amis tels que vous sont rares et précieux.

— Monsieur de Rinville! que de reconnaissance! fait aussi entendre Lucia.

Et Briolet, témoin, muet et passif, d'ouvrir de grands yeux, et de ne plus savoir quoi penser du capitaine, dont le pied vient de nouveau se poser sur le sien.

— Tout en appréciant la grandeur du service que votre amitié offre de rendre à M. Dormer, vous pardonnerez, monsieur, à son épouse, de ne point accepter ; car, avec l'aide de ses parens, Lucia espère fermement satisfaire aux dettes de son époux, sans être forcé d'avoir recours à l'obligeance de ses amis.

— Soit! mais si son espoir venait à être déçu, j'espère que Lucia daignerait se souvenir et profiter de l'offre qu'elle repousse en ce jour, répond de Rinville.

— Oui, oui, capitaine, alors l'épouse de Charles aurait recours à votre rare obligeance, répond Lucia avec reconnaissance ; mais, ajoute-t-elle, si je refuse aujourd'hui l'offre amicale que vous me faites ; de vous, M. de Rinville, je réclame avec instance quelques explications sur la conduite passée de mon mari ; ah! parlez, instruisez-moi, de grâce, afin qu'un jour il me soit possible de prévenir de nouveaux malheurs.

— Non, madame, non, je ne puis ni ne dois ; répond de Rinville, en écrasant cette fois le pied de Briolet, à qui la douleur arrache un cri involontaire; et devinant la volonté de son bourreau, prend enfin la parole d'un ton décidé.

— Oui, ma cousine a raison, il est important qu'elle connaisse l'atroce conduite de son époux, afin de se garantir, à l'avenir, de la misère, où la passion effrénée de Charles pour le jeu ne cessera de le plonger!

— Sa passion pour le jeu! quoi! seraitce possible? Charles jouerait! exclame Lucia avec douleur.

— Joueur enragé, et de plus époux infidèle, ruinant son ménage pour enrichir sa maîtresse, reprend le jeune homme avec fermeté.

— O mon Dieu! mais cela ne peut-être, s'écrie Lucia saisie d'effroi, en fixant Briolet d'un regard inquiet. Puis, un signe du capitaine vient encore encourager le dénonciateur qui reprend ainsi.

— Ce n'est que trop vrai, hélas!

—Assez! assez, monsieur, ménagez, de

grâce, votre cousine, voyez en quel état la plongent vos cruelles révélations, dit Édouard, interrompant Briolet.

—Non, non, laissez parler mon cousin, car il en a déjà trop dit pour ne point continuer ; oui, parlez, Briolet, parlez, je veux tout savoir, fait la jeune femme avec force.

Et le pied du capitaine d'ordonner à Briolet de satisfaire sa cousine.

— Eh bien! sache donc, ma pauvre Lucia, que depuis long-temps ton époux se rend en secret chez une nommée madame Saint-Didier, la maîtresse d'une maison de jeu, et que, dans ce repaire, Charles, chaque jour, a joué et perdu des sommes immenses; que, dans cette même maison, il a retrouvé un soir, Lolotte, ton ancienne compagne, pour qui il s'est repris d'une violente passion, et qu'il a depuis comblé d'or et de riches présens. Maintenant, ma chère cousine, réfléchis et dis-nous si un tel mari mérite encore ton estime et tes soins? termine Briolet.

— ..... Il me trahissait! s'écrie Lucia

anéantie, après quelques instans d'une amère réflexion.

—Oui, pour une drôlesse, qui, après l'avoir dépouillé, l'a chassé de chez elle comme un malfaiteur, lorsqu'il vint, il y a deux jours, lui demander secours contre son malheur, reprend le jeune homme.

— Charles! Charles! soupire péniblement Lucia, en versant un torrent de larmes; Briolet, ne me trompes-tu pas? est-ce possible qu'il se soit conduit avec autant d'indignité.

— Rien de plus vrai, répond le cousin.

— Oh! Charles! je t'eus pardonné le jeu, notre ruine; avec toi, j'aurais endurée la misère, la faim même! mais ton infidélité, jamais!! fait entendre la jeune femme avec fermeté.

— Pitié! pitié! pour lui, il est tant puni! dit Édouard avec douceur et émotion.

—Non, monsieur Morisson, plus rien que mon indifférence; entre nous, désormais, une séparation éternelle; de ma part, plus de caresses ni d'amour pour l'amant d'une courtisane.

— Lucia, au nom du ciel! oubliez-vous que le père de l'enfant que vous portez en votre sein a droit à toute votre indulgence? fait observer Édouard.

— Mon enfant! mon pauvre enfant! ah! puisse-t-il naître avant que sa malheureuse mère ne meure de douleur et de regret! fait entendre Lucia, en cachant son visage dans ses mains, et poussant de douloureux soupirs.

— Écoutez les conseils de l'amitié, ma jeune et intéressante amie, ne soyez pas sans miséricorde pour un époux bien coupable, sans doute! mais qui s'efforcera, par une conduite meilleure, de légitimer le pardon d'une tendre épouse; fait entendre de Rinville en s'efforçant de paraître sincère et d'appeler une larme sur sa paupière aride.

— Et moi, je suis d'avis que ma bonne cousine fasse long-temps attendre le pardon à cet infidèle, dit Briolet.

— Infidèle! lui que j'aimais tant, que j'ai préféré à... Non, plus rien! plus rien pour lui! Quittons cette demeure, messieurs; trop de honte, de pénibles souvenirs m'y accablent; venez, accompagnez-moi près de mon pauvre père malade, près d'une mère, justement offensée, dit la jeune femme en quittant son siége.

— J'approuve votre désir, Lucia; car, au sein de votre famille, vous attendent caresses et consolations, fait entendre de Rinville.

Edouard, après un peu de réflexion, finit aussi par donner son assentiment à cette résolution de Lucia; puis annonçant qu'il prend sur lui le soin de veiller à la sûreté ainsi qu'aux intérêts de l'établissement, quelques heures après, il laisse s'éloigner l'épouse de Charles, accompagnée du capitaine et de son cousin qui tous deux se sont chargé de la conduire chez ses parens, où Morisson a promis de les rejoindre dans l'après-midi, lorsqu'il aurait établi un gardien dans la maison; plus, un gérant, capable de répondre aux nombreux visiteurs intéressés qui ne cessent d'abonder la créance à la main.

— Lucia, tu recueilles, mon enfant, les fruits de ta désobéissance ; et tous les malheurs que t'a prédis ta mère, t'accablent à la fois. Mais, je ne t'en dirai pas davantage, tu es assez punie, ma chère fille ; c'est à toi, maintenant, à s'armer de courage, d'oublier un homme joueur et libertin, indigne de toi, de la tendresse que tu lui as vouée. Viens actuellement près du lit de ton père, viens contempler, sur son visage pâle et souffrant, l'ouvrage de l'époux que tu nous as forcé de te donner.

Ainsi parla madame Bernard en recevant sa fille, après avoir eu précédemment un entretien avec Briolet, que le capitaine avait délégué près de la dame, sous le prétexte de la prévenir de l'arrivée de sa fille, et avec recommandation expresse de lui dévoiler la conduite de Charles ; ce dont, malgré sa répugnance, le cousin venait de s'acquitter dans l'intérêt de son hymen avec madame St-Léger. Lucia ayant suivi sa mère, aborde le lit du vieillard, et son cœur se serre d'une affreuse douleur en apercevant sur la figure de son père les cruels ravages de la maladie.

— C'est toi, ma pauvre enfant! dit M. Bernard, en sortant du lit une main décharnée qu'il présente à sa fille.

— Mon père! mon bon père! exclame la jeune femme en tombant à genoux et couvrant cette main d'abondantes larmes.

— Charles s'est bien mal conduit, ma Lucia, c'est un méchant qui nous a trompé tous, et nous fait grand'peine, murmure le malade d'une voix éteinte en fixant sur sa fille un œil terne et mourant.

— Oublions-le, mon père, et reprenez votre santé, sur laquelle votre Lucia, désormais toujours près de vous, veillera avec sollicitude.

— Ma santé! mon enfant, hélas! je sens qu'elle ne reviendra plus, que tout est fini pour ton vieux père, dont le seul et dernier vœu est de te voir, avant de mourir affranchie de la domination d'un époux indigne de toi.

— Oh! vivez, vivez, mon père! et pour vous, pour votre fille, naîtront encore des jours heureux, répond la jeune femme en caressant de ses lèvres les joues flétries du vieillard.

— Assez, mon enfant, trop d'émotion fatigue ce cher malade, laissons-le reposer quelques instans, puis nous reviendrons veiller ensemble près de lui, dit madame Bernard à Lucia.

Le soir, la jeune femme laissant sa mère se livrer à un sommeil impérieux, fut s'asseoir et veiller toute la nuit au chevet de son père. Huit jours et neuf nuits s'écoulèrent sans que Lucia eut quittée la place qu'elle s'était imposée; et, à l'aurore du neuvième, lorsqu'après avoir pressé dans les siennes, les mains de son épouse et de sa fille, le vieillard exhala son dernier soupir; ce fut encore Edouard Morisson, qui, témoin de ce triste moment, arracha les deux femmes éplorées du lit où gisait la dépouille mortelle d'un époux et d'un père.

CHAPITRE XII.

DEUX MOIS APRÈS.

— Notre contrat de mariage indiquant au dernier vivant les biens, je reste donc maîtresse absolue de la fortune que mon mari et moi avons légitimement amassée par un travail honorable; cette fortune, mon cher M. Morisson, j'éprouverais un extrême plaisir à la partager en ce moment avec ma Lucia; mais, je vous le répète, tant qu'une séparation de corps et de bien avec son mari, n'aura point été prononcée, il n'existera aucun partage; car, je ne me soucie nullement que notre fortune aille se perdre sur le tapis d'une roulette, ce que ne manquerait pas de faire mon mauvais sujet de gendre, si en ce jour je donnais à ma fille la moitié de nos biens. Quant à Lucia, que le ciel la conserve près de moi, et je pourvoirai grandement à ses besoins, à tout ce qui devra lui rendre la vie heureuse.

— Je vous approuve, bonne mère; oui, gardez votre fortune, et votre fille se trouvera assez riche, s'il lui est permis de demeurer près de vous et de vous consacrer ses soins, répond Lucia, présente aux paroles de la dame en accompagnant ces mots d'une caresse.

— M. Édouard n'a-t-il donc aucun moyen d'obtenir cette séparation de corps!

— Hélas! j'en doute fort, madame, car les torts que vous reprochez à Charles seront insuffisans aux yeux de la loi, pour légitimer notre demande.

— Quoi! après avoir ruiné mon enfant, lui avoir donné une courtisane pour rivale, et fait mourir mon mari de chagrin, les juges le trouveront encore digne de posséder une femme vertueuse?

— La faute est grave et entraînerait indubitablement la séparation, mais comment la prouver? répond Édouard.

— N'avons-nous pas des témoins dans le capitaine et mon neveu Briolet.

—Cela ne suffit pas, madame, car, dans un cas semblable, il faut des preuves flagrantes.

— Ah! ma bonne mère, pourquoi vouloir attirer sur votre fille la honte d'une séparation.

— La honte serait toute pour lui, mon enfant, et tu n'aurais plus à redouter alors les droits que sur ta personne possède ce libertin, avec qui tu ne peux éviter d'être sans cesse malheureuse.

— De grâce! ma mère, n'ébruitons pas, par un humiliant éclat, nos malheurs domestiques.

— Folle! tu préfères donc retourner avec cet homme, et devenir une seconde fois l'objet de son abandon et de sa perfidie?

— Oh! non, près de vous, toujours près de vous; mais, s'il l'exige, hélas! fait la jeune femme en levant vers le ciel ses regards humides.

— Il le fera, Lucia, et votre devoir sera d'obéir, répond tristement Edouard.

— Alors, qu'il prenne garde à sa conduite; car je serai aux aguets, afin, cette fois, de saisir ces preuves dont l'absence, en ce moment, nous prive des moyens de rompre avec son indigne personne, dit madame Bernard avec feu, et frappant de la main la table près de laquelle elle travaille en cet instant.

— Monsieur Edouard, à quoi en sont les affaires de mon mari? s'informe Lucia en soupirant.

— La fabrique, après avoir été vendue soixante-quinze mille francs, et les ouvriers payés sur le prix que nous avons retiré du mobilier, bijoux et argenterie, nous sommes encore en arrière de cinquante-cinq mille francs, pour le paiement desquels j'ai obtenu, à grand'peine, des créanciers, un délai de trois ans, en soldant un tiers par année.

— Cinquante-cinq mille francs! hélas! sans la possibilité de se rétablir, sans ressource aucune; comment Charles pourra-t-il jamais acquitter une telle somme? dit Lucia avec inquiétude, en fixant sa mère d'un regard suppliant.

— Que nous importe! qu'il s'arrange comme bon lui semblera, car ce n'est pas moi qui m'aviserai de payer pour lui, fait entendre madame Bernard, sans lever les yeux de dessus son ouvrage.

— Cependant, madame, un peu d'aide lui ferait grand bien; songez qu'il s'agit d'éviter une faillite dont le déshonneur rejaillira sur votre fille innocente, observe Edouard.

— Oui, bien innocente; aussi me moquerai-je du qu'en-dira-t-on, répond la dame avec insouciance.

— Pitié! oh! ma mère, murmure Lucia les mains jointes.

— Tais-toi, sotte! n'est-ce pas assez qu'il ait dévoré ta dot en moins d'une année, sans encore lui prodiguer l'héritage de ta famille?

— Allons, madame, encore un sacrifice en faveur de votre enfant, afin d'aider un malheureux.

— Quoi, vous aussi, M. Édouard?... eh bien! qu'il consente à une séparation, et je paie ses dettes; mais autrement qu'il n'attende aucun secours de moi.

Cet entretien, qui s'était tenu dans la chambre de madame Bernard, se continuait quelques heures plus tard, au jardin, entre Morisson et Lucia, assis près l'un de l'autre sous les tilleuls.

— Une faillite, une séparation devant les tribunaux; ah! sauvez-le, sauvez-moi de cette honte, Edouard; non, je ne l'aime plus, car il a brisé mon cœur, mais son honneur m'est encore cher, que Charles soit libre, qu'il vive heureux et calme loin de moi, tel est mon vœu; mais savoir pauvre et déshonoré celui dont je porte le nom, est un supplice au-dessus de mes forces.

— Calmez-vous, oh! ma belle Lucia; en moi, n'avez-vous pas un ami dont la tendre sollicitude s'empressera sans cesse d'éloigner le chagrin de votre personne; oui, soyez en paix, car Edouard n'est-il pas là pour protéger et secourir celui à qui vous vous intéressez; pour sauver l'honneur de Charles, et chasser loin de lui la misère?..

— Que votre générosité est inépuisable, Édouard, et cependant n'ai-je pas tout fait pour la démériter.

— Hélas! j'ai pardonné, et cependant, Lucia, vous m'avez condamné à des regrets éternels, en me privant d'une épouse chérie!...

— Édouard! grâce pour l'erreur de mon cœur, murmure la jeune femme avec émotion.

— Oh! oui, grâce, et pourtant plus de

bonheur pour moi, jamais d'espoir d'hymen! Lucia ne répond à ces mots que par un léger tressaillement, et sa main s'abandonne à celle du jeune homme, qui la presse avec ivresse.

— Ah! que ma destinée eût été digne d'envie, si, devenu l'objet d'un choix flatteur, il m'eût été permis d'unir ma destinée à la vôtre; oh! Lucia, de combien de soins, d'amour et de prévenance, n'aurais-je pas entouré votre gracieuse personne; comme, alors, heureux d'être votre esclave le plus fidèle, le plus dévoué, vos désirs eussent été des ordres pour moi!...

— Il n'est plus temps, hélas! à la pauvre Lucia, il ne reste pour avenir, que larmes et regrets, fait entendre la jeune femme; puis, entre eux, s'établit un long silence, qu'un bruit inattendu dans le feuillage, vient interrompre. Edouard se lève subitement, il écarte la charmille située derrière le banc, cherche d'un œil inquiet sans découvrir la cause du bruit, et, à peine a-t-il repris sa place près de Lucia encore effrayée, que tous deux aperçoivent, au bout de l'allée, le capitaine qui se dirige vers eux.

— Y a-t-il long temps que vous êtes au jardin? M. de Rinville, s'informe Morisson.

— J'arrive à l'instant de Paris, répond le capitaine en s'asseyant sur le même banc que les jeunes gens. Alors, s'entame un entretien assez insignifiant entre les trois personnages, et Morisson, fort contrarié de la présence de ce tiers importun, annonce en se levant son départ pour Paris où l'appelle une affaire importante. Quelques instans encore, puis, le jeune homme s'éloigne après avoir promis à Lucia un prompt retour. Mais, où donc se rend Edouard en ce moment? chez Lolotte. Qu'y faire! sachons-le en y pénétrant avec lui.

— Madame est-elle visible?

— Votre nom! monsieur, demande la chambrière.

— M. Morisson.

Et, la femme de chambre s'éloigne pour aller annoncer le jeune homme.

— Morisson! je sais une personne de ce nom, mais, je doute fort que ce soit elle qui se présente chez moi, répond Lolotte assez surprise. N'importe! faites entrer, ajoute-t-elle.

Et bientôt Edouard, introduit dans un élégant boudoir, en salue la divinité.

— Qui ai-je l'avantage de recevoir! monsieur, demande Lolotte d'un ton léger, sans quitter la place qu'elle occupe sur un sopha, et en toisant le visiteur de la tête aux pieds.

— Edouard Morisson, ami de M. Charles Dormer, mademoiselle.

— Ah! je vous connais, monsieur; oui, j'ai beaucoup entendu parler de vous. Asseyez-vous près de moi, soyez le bien venu, et dites ce qui me procure l'avantage de votre visite.

Après avoir pris place à côté de la jeune fille, Edouard de répondre ainsi :

— Ce qui m'amène vers vous, mademoiselle, n'est autre qu'une grâce que je suis chargée d'implorer de l'excellence de votre cœur.

— Vous m'intriguez de plus en plus, monsieur ; voyons, de quoi s'agit-il, interrompt Lolotte, le regard sans cesse fixé avec complaisance sur Morisson.

— De retirer et anéantir la plainte en voix de fait, que, dans un moment d'exaspération, vous déposâtes il y a quelques jours au parquet du procureur du roi, dit le jeune homme.

— Ah! je comprends, monsieur est un envoyé de Charles.

— Non, mademoiselle, mais de son épouse infortunée.

— Je suis désolée, monsieur, d'avoir un refus à vous adresser dès notre entrée en connaissance.

— Quoi! vous refusez! Mais réfléchissez-vous, mademoiselle, que ce sacrifice je vous le demande au nom de vos anciens bienfaiteurs, au nom de Lucia, votre compagne d'enfance?

— Ignorez-vous, vous-même, monsieur, qu'en me chassant ignominieusement de chez elle, après m'avoir refusé un pardon que j'implorais à genoux, cette famille a perdu tous droits à ma reconnaissance?

— Vous ignorez donc aussi que, revenue tout de suite à des sentimens plus humains, madame Bernard, désolée de sa sévérité, vous fit chercher en tous lieux, afin de vous accorder un pardon généreux.

—Vous seul me l'apprenez, reprend Lolotte avec surprise.

— En faveur de ce repentir, ne ferez-vous donc pas grâce à un malheureux que votre plainte retient seule maintenant éloigné de son pays?

— Non! répond sèchement la jeune fille.

— Ainsi donc, lorsque votre conduite coupable a contribué à la ruine d'un infortuné, pour prix de sa faiblesse envers vous, vos accusations vont encore le conduire...

— Ma conduite coupable!.... Qu'entendez-vous par ces mots? interrompt Lolotte.

— Est-il nécessaire, mademoiselle, que je m'étende davantage sur ce sujet? Non, car, si vous voulez descendre au fond de votre cœur, vous y trouverez l'explication de ce reproche.

— Ah! je comprends : quelques bagatelles que m'a offertes votre protégé comme un gage d'amitié, et dont on aura triplé la valeur à vos yeux.

— Ces bagatelles, ainsi qu'il vous plaît de désigner les présens que vous fit Charles, n'ont rien moins coûté que la somme de cinquante mille francs, qui, absente de sa caisse, a entraîné la chute du malheureux.

— Ajoutez aussi les pertes continuelles qu'il éprouvait au jeu.

— Ne rappelons pas ses torts, mademoiselle, et tirant le voile de l'oubli sur le passé, ne songeons plus qu'à l'avenir de Charles, à le mettre à même de réparer ses fautes, à le rendre à la société; aussi, n'hésiterai-je pointà réclamer de nouveau votre indulgence en sa faveur.

— Je vous admire, monsieur : oui, vous êtes bien l'homme bon, sensible et généreux qu'on m'a dépeint, dit Lolotte, en fixant un tendre regard sur Édouard. Mais, ajoute-t-elle, je suis surprise de trouver en vous un zèle aussi ardent pour l'époux de Lucia, dont l'éloignement doit, il me semble, être propice à vos desseins.

— Je ne vous comprends pas, mademoiselle.

— Je voulais dire, monsieur, que l'absence du mari est ordinairement une bonne fortune pour l'amant.

— Vous avez raison ; mais ici, il n'est qu'un ami près de l'épouse, et ce qui doit détruire en vous tous soupçons injurieux contre l'honneur de ce même ami, c'est qu'il travaille de tout son pouvoir à réunir les deux époux, à réparer les malheurs qui les ont accablés, répond Édouard avec fermeté, quoique troublé jusqu'au fond de l'ame.

— Très bien! monsieur, cette réponse est celle d'un homme délicat aux yeux de qui je serais désespérée de passer pour plus indigne que je ne suis. C'est pourquoi, étant jalouse de me réhabiliter à ses yeux, je vais mettre une condition à la grâce qu'il vient exiger de moi.

— Parlez, mademoiselle.

— C'est qu'en échange du pardon que je vais accorder à Charles, vous me ferez le don de votre amitié, et viendrez quelquefois visiter la pauvre fille, à qui un ami tel que vous serait aussi utile que précieux.

— Mon amitié! mademoiselle... peut-être, répond Edouard en fixant Lolotte.

— Je vous comprends; vous voulez avant

connaître si je saurai m'en rendre digne; reprend la jeune femme en levant ses beaux yeux, et les fixant avec douceur sur ceux de Morisson.

— Vous l'avez dit, mademoiselle.

— Eh! bien, venez donc près de moi, étudier les progrès de ma conversion et m'instruire ensuite, si j'ai bien mérité de votre estime.

— Je viendrai.

— Souvent!

— Cela dépendra, mademoiselle, de la manière dont vous répondrez à mes demandes, à mes conseils.

— A ce prix, je consens à retirer ma plainte aujourd'hui même, dit Lolotte dont les traits semblaient exprimer la joie et le triomphe. Quelques instans encore d'entretien, puis Morisson prit congé de la jeune femme après lui avoir fait la promesse d'une visite prochaine.

— Oui, oui! je réussirai, à moi son

amour, sa main, peut-être! puis la fortune et la considération! s'écrie Lolotte, en frémissant de joie et regardant à travers sa croisée, s'éloigner Edouard Morisson.

FIN DU PREMIER VOLUME.

BIBLIOTHEQUE ROYALE
I

TABLE DES CHAPITRES

CONTENUS

DANS LE PREMIER VOLUME.

—

FIN DE LA TABLE.

Fontainebleau. — Imp. de E. Jacquin.

NOUVELLES PUBLICATIONS

In 8., à 5 fr. le vol.

Le LOUVRE SOUS NOS ROIS, Chroniques galantes, par Guérin, 4 vol. in-12, 20 f.
L'ABBÉ ET LES MOUSQUETAIRES, par Guérin, 2 vol. 10 f.
VIERGE ET MODISTE, roman de mœurs, par Maximilien-Perrin, 2 vol. in-8. 10 f.
LE GARDE MUNICIPAL, par Perrin, 2 vol. in-8. 10 f.
Les PILULES DU DIABLE, par Perrin, 2 vol. in-8. 10 f.
UN SERVICE D'AMI, par le Baron de Bildelberk, 2 v. 10 f.
LES DEUX FAMILLES, par le baron de Lamothe-Langon, 2 vol. in-8.
LE COMTE D'ANTRAIGUES, roman historique, par St-Maurice, 2 vol. in-8. 10 f.
L'AIGLE ET LA COLOMBE, précédé d'une introduction Litéraire, par le Vicomte d'Arlincourt, 2 vol. in-8. 10 f.
LA JEUNE AVEUGLE, Vertus du Peuple, roman accepté par l'Académie pour le prix Monthyon, par madame Hipolyte Taunay, 2 vol. in-8, 10 f.
LES DEUX SOEURS, Histoire d'une famille, par madame Junot d'Abrantès, 2 vol. in-8. 10 f.
BLANCHE, roman intime, par le même, 2 vol. in-8. 10 f.
LA DUCHESSE DE VALOMBRAY, par le même, 2 v. 10 f.
ETIENNE SAULNIER, par Mme Junot d'Abrantès, 2 v. 10 f.
LA VALLÉE DES PYRÉNÉES, par le même, 2 vol. 10 f.
RAPHAEL, par le duc d'Abrantès, 2 vol. in-8. 10 f.
LE PETIT ET LE GRAND MONDE, esquisse de mœurs, par madame Hipolyte Taunay, 2 vol. in-8. 10 f.
L'AMOUR D'UNE FEMME, par Charlotte de Sor, auteur des Souvenirs du duc de Vicence, 2me édi., 2 vol. in-8.
LE LORD BOHÉMIEN, par Alfred Des-Essart, 2 vol. in-8.
LES VIEUX PÉCHÉS, les tomes 3 et 4.
LES DEUX GRISETTES, ou la Manon Lescaut du Marais, 2 vol. in-8.
L'AMI DE LA MAISON, par Maximillien Perrin, 2 v.
TRAHISON ET VENGEANCE, par Cosmowel, 2 vol. in-8.
DEUX FACES DE LA VIE, roman intime, par Touchard-Lafosse, 2 vol. in-8.
MÉMOIRES D'UN CHEF DE BRIGANDS. par Carle Ledhuy

Romans in-12. de divers Auteurs, à 1 fr. le vol.

LES VICTIMES DE L'INQUISITION, par Leyadier, 4 v. 4 f.
L'OBLIGEANT, roman gai, par Raban, 3 vol. in-12. 3 f.
LA COUR PRÉVOTALE, par le baron de Bildelberck, 5 vol. in-12. 5 f.

Imprimerie de Pommeret et Guenot, rue et hôtel Mignon, 2.